天下雜誌
觀念領先

錢要投資

賺到退休

賺到自由健康

阮慕驊的人生體悟

阮慕驊——著

推薦序

自求多福拼退休，不要變成下流老人

趙少康

人生就是不斷的選擇與戰鬥，「少壯不努力，老大徒傷悲」，阮慕驊的《錢要投資 賺到退休 賺到自由健康》就是要告訴你怎麼樣讓自己的一生過的圓滿，至少不要變成「下流老人」。

人愈老愈要有尊嚴，活了大半輩子到老還要被人看輕，很不值得。年輕時一切剛開始，別人如何對你都是一種磨練，孔子說「吾少也賤，故多能鄙事」，就是這個道理。我常說「老人當自強」，愈老愈要捨得花錢，愈要捨得對自己好一點。現在一般人是愈老愈節儉，捨不得吃，捨不得穿，在現代社會，不消費就沒有地位，不消費就會被看不起，連我們電視收視率都不重視五十五歲以上的觀眾，因為廣告商認為他們沒有購買力。

但是要捨得花錢，就必須先要有錢，而且至少要有足夠的錢花到人生最後一天。現在人愈活愈長，報紙上的訃聞看到的不是九十就是一百歲。如果自己有幸活到一百二十歲，錢花完了怎麼辦？錢是什麼？錢是給人壯膽的！

阮慕驊的這本書就是要幫助你「活到老，富到老」，能夠有錢有健康隨心所欲到老，就是神仙也羨慕。

我看這本《錢要投資 賺到退休 賺到自由健康：阮慕驊的人生體悟》是窮阮慕驊一生的功力拼出來的精華，對青年、中年、老年人應該如何投資都分別有不同的建議，對股票、基金、債券、房地產、美金、黃金的走勢及投資比重也有獨到的看法。我很認真的從頭讀到尾，欲罷不能，收益很多。

阮慕驊特別提醒大家不要被近年大漲的股市沖昏了頭，沒有什麼市場是會一直上漲而不調整修正的，除非你的本錢雄厚到毫不在乎，否則居高思危，還是要小心謹慎，尤其現在世事變化太快，黑天鵝太多，一個新冠肺炎病毒就把全世界整的好像末日降臨，一定要記住巴菲特最重要的一句話：投資有三條鐵律，第一條是不要賠錢，第二條是不要忘記第一條，第三條是不要忘了第二條！

阮慕驊這本書穿插了一些他的人生故事與體會，可讀性很高，譬如「除非你真的深愛對方，千萬不要為結婚而結婚！」（年輕人衝動一時，會後悔一輩子）、「要好好保護牙齒」（牙不好，不能吃，人生就是黑白的），他甚至把他小時受父親家暴被打得頭破血流以及在美國跳蚤市場賣椅子整天沒賣出一個、受31冰淇淋一個月辛苦的店經理訓練，還有年輕時的瀕死經驗都毫無保留的寫了出來，你還能再多要求他什麼？

（本文作者為中廣董事長）

推薦序

三十年來最好的黃金機會

謝金河

全球局勢自從前美國總統川普執政來，出現巨大轉變，美中由過去的G2競化關係，轉變成對抗和衝突。過去三十年，中國經濟崛起，台灣一度被邊緣，台商出走中國，除了帶走資本外，也帶走了技術和人才。最明顯而且具體的現象就是台灣高鐵通車後的客運量，遠不如計劃時期的預估，使得高達5000億投資的高鐵走過一段艱辛的歲月。

但如今這一切不利於台灣的景況，全部出現巨大轉變。高鐵旅客人數大幅上升，轉虧為盈；護國神山台積電一年可以淨賺近5200億，半導體產業成了外媒眼中繼石油後的重要戰略物資，全世界缺台灣不可。台灣從過去的邊緣角色，一躍成為全球的焦點，連車用晶片缺貨，德國還要透過外交管道來台爭取產能。

所以我多次說過台灣迎來了三十年最好的黃金機會。台灣的資本市場欣欣向榮，台股加權指數正越過16000點往更高位階發展，台股的投資人何其有幸能恭逢其盛。

《錢要投資 賺到退休 賺到自由健康：阮慕驊的人生體悟》新書作者慕驊常年參與今周刊和財訊雙周刊出活為主持人或講師，在金融和經濟領域深研已久，也主持財經一路發節目固定邀訪財訊和今周刊同仁，彼此理念和見解多朝向希望台灣更好的方向。

小我七歲的慕驊，一直在財經專業領域分析評論上，非常下功夫，是我少數所見，觀察及評論非常中肯的財經節目主持人。譬如他在本書中分析台灣人口老化，可能步上日本長期房地產不景氣的後塵以及牛年必有大震，擔心過高的股市景氣會不會遭逢泡沫化的危機？讓我想起其實從去年（二〇二〇）八月時，劉泰英先生就高喊台股會崩盤；最近谷月涵也說台股有泡沫，要大家快跑，把大家弄得很緊張。台股到底有沒有泡沫？答案當然有！但個股的狀況很不一樣，因為從整個數據來看，去年全體上市櫃公司稅後淨利2.46兆，這是史上最好的獲利成績單，當然有些個股會存在泡沫化的現象，所以建議各位在追逐高價飆升的過程中，必須認真作功課，才能趨吉避兇。

另外在新書中，慕驊看好未來台灣三大產業是電商、雲端、電動車（見254頁），我的看法是跟他是一致的。

此外，慕驊在新書第257頁，給年輕人的理財投資的十項建議，我認為十分中肯，如第一項：不要心急，先存下第一桶金、努力提升自我和建立宏觀的國際經濟和金融市場分析能力，先從閱讀分析文章開始；此外，我認為規律的生活習慣和嚴格的自我要求也很重要。常有人問我，你的數字是怎麼背的？因為我可以把小數點後面兩位數都講出來。其實這只熟能生巧的死功夫，我的數字是用出來，不是背出來的，每天起床第一件事就是掃瞄全球金融市場一遍，拿張A4的空白紙，逐一記錄每個市場的收盤價，這是電腦無可取代，掐指間的死功夫，加深印象，就不會忘，消化到腦子裏的數字，才是有用的數字。慕驊的建議都很好，同步推薦給大家。

給中年人的第六項建議：保健身體，有健康的本錢才有打拼事業和累積財富的條件。慕驊由五十歲開始運動保健，我是從三十四歲開始，就開始常跑山運動，祝福大家能夠找到一種自己熱愛且長久的運動，持續下去，你會發現比財富更重要的絕對是健康。

欣見慕驊此時出書為文給讀者理財和投資的想法，也祝本書大暢銷。（本文作者為《財訊》社長兼發行人）

推薦序

以終為始，有個向上、向善的始

向為平

認識慕驊已超過三十個年頭。初識之時，我在成功嶺擔任連長，他在受士官訓，因為訓練的緣故，他常會在某些時段來砲兵連洽公。很快的我就注意到他勤快又機伶，因此當士官隊結訓時，他「很自然的」就被選到我們連上擔任班長。在幹部中他並不顯眼，但從私底下他與同袍間的相處，或帶兵、分派任務的做法，很容易就發現他論述條理分明、處事有條不紊；因為指令清晰明確，所以讓人樂於與之共事、信賴誠服。

砲兵部隊基地每年訓練演習時，全營有個「目標獲得測量班」，該班雖可遠離連隊（人人想藉此脫離而免受節制），但又必須獨自完成任務；若是所託非人，則全營的演習成績都將受其連累，因此我特別挑選慕驊擔任測量班班長。他果然不負眾望，不僅圓滿完成任務，也因為優異的測量成績，贏得全營長官及同袍們的敬佩。

從慕驊新書《錢要投資 賺到退休 賺到自由健康：阮慕驊的人生體悟》中，可以很清楚的看出他之所以在理財專業的領域中，能夠不譁眾取寵卻深得人心，尤其難得的是禁得起時間的考驗，靠的是他經年累月、日起有功的好習慣，而非暴起暴發的快速偏方；畢竟願意在知行合一之中下功夫體悟理財訣竅者少，而認為理財就等於發財者多。無論是給予人生的建議，或是對於財務的建議，他都不是速成的取向；而是藉由正確的習慣所引導的方向及目標，才能避開急功好利的誘惑，又在信念與恆毅的作用下，持續累積出豐碩的成果。

我從慕驊身上看到習慣，尤其是從思維到行為不同層面的習慣，所產生的動量與慣性，這些力量其實都來自於他不同階段的人生經驗。上個世紀最有名的管理學大師之一，史蒂芬 柯維，曾提出透過七個高效能的習慣來建立成功的人生；而慕驊對於人生財務的十個建議，早已成為他的第二天性——習慣，尤其是最後一個建議，「樂於分享成功的財務規劃經驗和方法，幫助更多的人」，全書正是第十個習慣的體現。

最後，僅以柯維所提出成功人生的第三個習慣，「以終為始」，從職涯的終點——退休——來看職涯的起始與發展時，新的觀點必然會帶給我們人生的新體悟，那麼這本書所提供的就不只是慕驊的人生體悟而已了。（本文作者為臺北榮民總醫院主任秘書）

推薦序

開創人生，要掌握時間財和機會財

孫天山

二〇二〇年疫情過後，台股如同脫胎換骨般一路扶搖直上，加權指數一年迄今已足足漲升一倍，而且還欲罷不能。這種股市的走勢，別說是新手了，就連股市老手都難得一見。我從一九八二年進入證券業者再轉入期貨業，一路見證台灣金融市場的發展歷史，並參與每一次的股市萬點行情，但從來沒有一次，大盤如同這次般的在萬點之上停留這麼久的時間，而且還持續向上漲升。這種難得一見的行情，只能說台灣正處於天時、地利、人和之中。

去年不單股市興旺，期貨市場也非常火熱。期權全年交易口數達到3.4億口的歷史新高紀錄，期貨開戶數全年也大增了近十萬戶，年比增幅將近一倍，全體開戶數逼近了兩百萬戶。從這些數據就可以看出來，台灣投資者愈來愈全方位，不單操作股票，也積極使用衍生性金融工具來避險或投機。

理財投資講究的是長期規劃和風險分散，看到投機兩字好像很害怕，但其實金融市場有投資就有投機，有避險需求也有投機需求，因此才能達到各方的策略應用的靈活性和充分性。做任何投資也都有風險，只是風險程度不同。所以不用害怕風險，但要學會管理風險。同時的，不用排斥投機，但要懂得投機的策略和原則。

我個人在金融市場多年的經驗，也看過無數次的大風大浪，但我始終相信金融市場的贏家是留給準備好，同時具備膽識和知識的實務經驗者。慕驊兄這本《錢要投資賺到退休 賺到自由健康：阮慕驊的人生體悟》新書中以其多年的經驗和歷練，告訴讀者如何洞悉市場，分析各種情勢，並保持客觀和彈性。我認為這是金融市場贏家必須要有心態。

此外，書中慕驊兄所創見的時間財和機會財，正好符合期權商品操作的特性，相信讀者若能充分領略，必能從書中找到許多啟發和靈感。

最後祝本書發行成功，也預祝所有投資者能在致富之路上掌握契機。（本書作者為群益期貨董事長）

推薦序

為你找到人生的藏寶圖

黃時彥

認識慕驊超過三十年，他一直是個活力滿滿、幹勁十足、積極風趣的好友，一路順暢地成為知名財經主持人，然而有幸讀到書中他的人生體悟，才發現大家都一樣地會遇到「提醒」，不論是健康、生活或工作的巨變，都是一個轉捩點時機，進而覺察、接受、改變成愛自己的人生視野，這點個人深刻感同身受。

身處全球人口老化的時代下，除了活的健康和動的健康之外，就屬如何可以舒服享受退休生活是最受重視的議題，而其中關鍵因素就是本書的重點——理財投資。因為全球零利率的環境，使得退休金規模和投資報酬率都有明顯縮水的困境，如何應對如此麻煩的問題就是作者在本書闡述的重點。

首先要思考管理財務對策，也就是理財之道；俗話說人不理財，財不理人，如同作者母親四十多年前遇到台股第一次上萬點時，適當利用股票投資就有了人生第一台車，換句話說，有效掌握投資秘訣才能完備理財的目標。

接著如何學會投資則是一個不小的挑戰，巴菲特大概是有史以來唯一能靠投資而成為全世界最有錢人之一的神奇人物，長期持有夠便宜的優質成長公司股票就是他的投資之道，看起來沒什麼特別之處，真能確實做到的人卻很少。因此作者利用本書點出如何運用時間財及機會財來規劃投資策略，同時也介紹不同的股票及債券等投資工具，加上全球股票市場及未來產業趨勢的解析，並協助投資人建立適當的交易策略，然後持續執行來完成投資理財的致富目標。

過去個人投信職涯中，從第一檔百億台幣的亞洲科技基金經理人，到一兆美金外商資產管理公司的投資長，深感掌握投資理財真的是很個人化的一門藝術，但是入門之道尤其重要。慕驊的瑜珈老師說，幾歲開始練瑜珈，人生就會停在那個年齡；以個人浸淫投資領域二十多年的經驗告訴我，立即開始投資理財，財富才有機會超越退休需求，而本書就像谷歌地圖導航一樣，淺顯好用能為你找到人生的藏寶圖。（本文作者為華南永昌投信總經理）

推薦序

用身心靈，走出一條長遠的路

劉家崑

《錢要投資 賺到退休 賺到自由健康：阮慕驊的人生體悟》是一本與大家有切身關係的好書。

慕驊用身、心、靈，道出它是一條長遠且時時要調整及更換的道路。

我是從事國際貿易的企業主。時事，各國政策、匯率是影響我業績及收益最重要的因素；當然除了本業之外，理財規畫更是不可獲缺的工具。

書中對現今投資氛圍、股市及全球大環境都有鉅細靡遺的解說，慕驊毫不藏私他把畢生投資法寶與大家分享，只要你細細品嚐書中方法，必定能幫你在投資的道路上更加順利。

錢不是萬能，但沒有錢萬萬不能。投資的前提除了第一桶金外，身心健康必須擺在第一位。筆者道出了現代人最容易忽略的事情「健康」，否則拼出了財富、沒了健康也等於零。

書中除了金融商品的剖析，也包括了房地產及少子化議題。它所涵蓋的範圍非常廣，所以適合各個年齡層閱讀。

好書要大家一起分享，我極力推薦《錢要投資 賺到退休賺到自由健康：阮慕驊的人生體悟》這本好書，在全球變化快速「失之毫釐，差之千里」的環境中，它是引導你走向正確的投資途徑。（本文作者為永康扶輪社創社社長）

導讀

徹底發揮自己長才的人氣不老阿丹：阮慕驊的人生體悟

莊舒淇

最近由於 YouTube 等各種網路工具盛行，趕不上每天下午五點到七點收聽阮慕驊在 News 98 財經一路發的廣播節目，可以當天即時收聽永遠掛在網路上他的節目；在網路上，又可以觀察到他的臉色及身形。

我發現十幾年沒見的阮慕驊怎麼看起來愈來愈瘦，愈來愈年輕，可是在分析財經情勢，卻愈來愈即時及有深度。

最近趁一次下台南時，我簡單對周圍的友人做了一下市場調查。

結果是無論台南某咖啡小店老闆娘、住在台南七十二歲的醫生娘、住在台北在台大擔任法律系教授的五十歲鄰居、一位資深媒體工作者都立即告訴我阮慕驊的評論很實在。

這也就印證了我的觀察：他的財經專業沒有老化，卻愈來愈活化。

這種跟年紀乖離向上掌握財經時勢的速度，也跟年紀乖離的元氣臉色，讓我興起想找他寫書的念頭。

這樣現在進行式的阮慕驊，我只能用「不老人氣阿丹」（他的英文名字叫 Danny）來形容。不老人氣指的是他十幾年，每天準時下午五點到七點出現在 News98《財經晚點名》、《財經一路發》主持現場即時財經節目；同時常常上東森財經台被李兆華訪問。

他另外一個不老象徵是自我鍛鍊身體的毅力。五十歲起，因警覺身體健康的重要，開始練重訓、練肌力、也練瑜伽，也搭配高纖、芭樂、蘋果、只吃白肉、雞蛋補充蛋白質、少澱粉（一天吃不到五分之一碗的飯），不到五年，已經瘦了十二公斤。他的神情愈看愈堅毅，但人卻是愈來愈放鬆，愈有笑容，做事也更加有效率，很像活在當下，專注在即時。

對於身體保健這麼有紀律，對於工作有狂熱的阮慕驊，專業知識的學習，更有紀律。世新廣電科畢業，工作一段時間後，又繼續到政大新聞研究所唸書。在本書中提到他自己從小過動，坐不住，無法好好唸完一本書，但他發揮自己的所長，在學校參加話劇社，這也培訓了他日後成為長青財經節目廣播主持人的首席位子之一。如今，他將他幼年時期的過動缺點化為成年後沉穩的機智，不斷地追求財經專業深度，專注落實在他每天專注評論各種即時財經新聞，並且努力掌握什麼是時間財、什麼是機會財，並熱情地跟聽眾分享。

近五年，阮慕驊的精神又可專注及又可放鬆，來自於除了有紀律保健身體之外，每早起床，必頌心經的阮慕驊也開始要更積極地思索做什麼，對人與社會有益。他說他年輕時，比較不會想，現在比較會想。

本書主軸是他在四十歲辭掉中央社會有退休金保障的正職工作之後，如何使得五十五歲的現在的他，可以擁有幾筆房產及擁有即使退休也可財務自由。

如何做到？阮慕驊強烈主張，一定要藉由投資來為自己賺得退休金。他每天一邊深入地主持現場即時的財經節目，一邊深入的研究及投資，為自己賺得老後退休現金。

他這三十年的投資心法是什麼？如何由年少的不經一事不長一智的投資，一下子賺了幾百萬，一下子又泡沫化虧光到最近這十幾年，他如何更謹慎投資，並且獲得錢不能露白的足以退休的資產。比起大企業家，阮慕驊儲存的退休金不算什麼，但當是比起一般一輩子守住一份固定工作，但又賺不足夠的退休金，四十歲就辭掉中央社正職有固定薪資的工作，阮慕驊所儲存的退休金是足夠了。本書他想給的是釣竿，如何用錢投資，而不是給餵食的魚餌。

他主要的投資秘訣是，總觀總體經濟趨勢，賺長期的時間財；也在趨勢向上時，賺取短期的機會投資財。

走過二〇二〇年的投資多頭趨勢，阮慕驊也建議二〇二一年投資要小心為上，注意是否有牛年的大震。

尤其針對無論是年輕人、中年人及即將退休的老年人，如何提早面對即將到來的人口危機、退休金被打折的危機，阮慕驊建議提早規劃自己的老年退休金來源是很重要的事；提早在三、四十歲之前就好好打造健康的身心也很重要，不要像他到五十歲才開始注意保健身心健康（我認為不過比到了六十歲，還不保健的好）。

因此，在《錢要投資 賺到退休 賺到自由健康：阮慕驊的人生體悟》這本新書中，他特別指出，未來五年到十年，看好的三大產業是什麼；也給了年輕人、中年人、及老年人的受用的理財投資建議及投資標的概念。

讀者在閱讀本書時，可以循序去了解他的人生覺知、他對總經／人口趨勢的觀察、他跟世界級大師學到了什麼樣的理財哲學、對高風險的股市，該有什麼樣的認知及該有什麼樣的具體投資概念。

此外，他首次在本書中提及他從小遭到父親的家暴，但也幸虧在母親愛的支持，及他自己能化逆緣為向上的逆增上緣，努力奮發向上。這也值得從小遭遇挫折的人參考。

給魚，不如給釣竿，阮慕驊希望你健康快樂又富有退休。（本文作者老莊為天下

雜誌出版顧問總編輯）

目次

前言

給人生的十個建議

1. 保健好牙齒。
2. 不要過胖，保持運動習慣。
3. 瑜珈、太極拳等都是很好紓解壓力的方式，人生要有固定的自我舒壓方式。
4. 不要吃過多甜食，不要常吃精緻食物，超過五十歲要少吃紅肉。
5. 活多久就做多久，不一定是固定的工作，但人生要不斷的為興趣工作。
6. 做好財務規劃，退休規劃四十歲就要開始規劃，如果能提早到三十歲更好。
7. 股票是最好的投資工具，但要學會股票投資的方法。
8. 找到適合你的宗教信仰，只要是勸人向善的正統宗教都好。
9. 人生的伴侶不要輕易決定，確定你很愛對方，對方也是，不要為結婚而結婚。
10. 教導子女好的觀念，能幫多少，盡其在我，觀念比給錢更重要。

人到中年，對人生有些體悟，把我覺得重要的人生的事，分享給大家。人生的時間很短，一轉眼，日子已經過了一半以上。常想如果我年輕時有現在的智慧，很多事現在可能不一樣。

雖然這樣想，但人生不可能重來，只有把握現在和未來，把體悟分享給大家，才是正向的想法和做法。無論讀者是什麼年紀和什麼心態，如果你願意傾聽我的想法，參考我的建議，我相信對你會有一些幫助。這也是莊素玉（編案：即莊舒淇）邀請我寫這本書的初衷。

人生的智慧，需要時間累積，需要經歷事情後才會知道對錯。再有學問，沒有經驗，學也不一定能致用。經驗是一步步走過的足跡，我的人生十個建議都是人生經驗和經歷體會的，或是看到他人的情況體會的。這些建議會陸續在本書隨後的章節分享給你。

這本書是我個人生活態度、想法的集合，有回想過去，也有展望未來，最重要是過好現在的日子。人生是線性的過程，從過去到現在再到未來。現在很快會成為過去，未來一轉眼就到了。人活著到底是為了什麼？人生的目的，需要什麼？要滿足什麼？如何過得快樂和自在？最終會留下什麼？什麼值得珍惜？這些人生的課題，可曾問過自己？

人生最重要的組成和元素是什麼？小我的和大我的，個人的、家庭的、社會的又是什麼？需要系統性的思考嗎？還是過一天算一天？我年輕時候從不曾想過這些問題，但現在我常想這些。年輕時很自我，現在覺得自己很渺小。老了，年紀大了，想法自然會多了。

本書在素玉的建議下，我決定第一部份寫人生的重要體悟，給讀者一些建議；第二部份寫財務規劃，因為沒有好的財務基礎，人生許多事無法成就和滿足，錢不是一切，但它是現實的、需要面對的，也無法迴避的；第三部份寫投資，財理好，有了第一桶金才能投資，投資才能致富。富有的人生在良好的金錢基礎下，更能實現願望和實踐理想。

首先，我給所有人的財務十個建議如下。這些建議是觀念。人必須先建立起觀念，才後再找到對的執行方法，重要的是要有堅定的信念做下去。

人生財務的十個建議

1. 不要擔心負債，但要思考如何償還債務。
2. 要學會現金流和資產負債表的運用。
3. 不斷增加賺錢的能力。
4. 家庭財務規劃要設定目標，穩步向前，不要有一夜致富的想法。
5. 要學會記帳。
6. 保險是財務規劃，不是投資，用保單來投資並不是最好的方法。
7. 教會子女財務規劃，給子女理財觀念，比給錢更重要。
8. 財務規劃的目的是為了投資和滿足人生的花費，不要為存錢而存錢。
9. 不要到處炫富。
10. 樂於分享成功的財務規劃經驗和方法，幫助更多的人。

這些觀念的執行方法，我會陸續在本書的各篇章詳述。

知，是人生成長的開始。可惜的是，我到了人生的中站，才體悟了它的意涵。覺知和覺察，有多種層面。具體一點的，是身體和心靈層面。

第一章
chapter 01

生命的覺知

一、覺知

知，是人生成長的開始。可惜的是，我到了人生的中站，才體悟了它的意涵。覺知和覺察，有多種層面。具體一點的，是身體和心靈層面。

一直以來，我會駝背。小的時候，大人總叫我不要駝背。久而久之，也沒人管我了。成年後仍然駝背，也不覺得有什麼不好。直到我氣管的問題愈來愈嚴重，體檢後才知道肺功能已經差到不行了。醫生說我就是少了一口氣。我試著把背挺直，看看氣會不會順一點。但是長年駝背造成了我下背肌無力，我竟然沒有覺察。試了用輔具，三天就丟在一旁再也沒用過。駝背依然，氣不順依然。

媒體工作特性是高度壓力，雖不怎麼勞力，但很虐心的。外人看媒體人風光，但不知許多媒體人內心是脆弱的。我這一生最大的貴人是我的母親。在她的牽引下，進入媒體工作。說真的，打從踏進中國電視公司大門前，我從來沒想過當記者。從中視到中央社，記者做了十多年後，因緣際會，進入了電視和電台主持節目。長期高壓工作下，我竟沒有覺察我的情緒和神經系統已經累積出了問題。精神的崩壞只是早晚和時間點而已。

不早不晚，就剛好是五十歲。我的身體和心靈累積的問題同時爆發。也許是更年期，也許它就是該來。突然之間，我的過去難得用到的健保卡，竟然得隨時不離身。我成了別人口中的醫院常客。直到一次住進急診室，醫生判定我是恐慌發作，叫護理師打點滴加鎮定劑，我才驚覺，我要調整我的人生，不能這樣下去。因為，我沒病，我的病不是生理的，是心理的，我必須改變，重新出發。

二、接受

我的瑜珈啟蒙老師說：當你幾歲練瑜珈，你的人生就會停在那個年齡。就是這句話，吸引了我練習瑜珈。早知道，我就三十歲開始練瑜珈。但也慶幸，至少我五十歲有了開始。

接受的相對是你必須捨棄。捨棄過去你認為是重要的，是對的，是自以為是的。

就像瑜珈，我過去總認為那是女人練的。男人趴在地板上幹什麼呢。現在，我每周至少上兩次課。

自從上了瑜珈和重訓課，我的下背肌逐漸有力，我學會了覺察自己的身體。常年的駝背竟然不用任何輔具就改善了。背直了，感冒少了，氣也更順了。還有就是外型變的更挺了，這對身高不高的我來說，無形之中增加了自信心。

三、覺察接受改變

覺察、接受、改變這三件事是序列，是我體會的人生哲學。提高對萬事萬物的覺察能力，接受一切不可接受的。改變一切已有的。

人是渺小的，在浩大的宇宙和時間的長河中，人不過比一粒沙子大不了多少。再偉大的人都不必覺得自己有多偉大，再渺小的人也都不必自卑。時間的長河裡，偉大和渺小都會成為過去。

我們需要自省和自觀的不是外在的成就、財富、名聲和社會地位，而是內心的力量！你可曾沉靜下來，自我觀照內心？它是空虛的？是充實的？甚至它是什麼顏色的？它告訴人生是什麼方向？你的使命是什麼？

當你學會自我觀照和省思，你不會覺得你渺小，更不會覺得他人偉大。每個人來到這個世界上，都有他必然要完成的生命軌跡。無論軌跡是好是壞，它都會像一條道路向前。如果你自觀生命的道路，你會發現過去的軌跡，並有信心走完未來的道路！

所以，您可曾想過？你這一生要如何過完它？無論你現在幾歲，也無論你對覺察有感無感？請你相信我，覺察、接受和改變，對人生是重要的。愈早體悟，人生愈早開明。它對你的健康和財富都有幫助。如果你想有一個富裕而且自由的人生，請你現在就放掉成見，試著看完這本書。我將盡我所能，把我認為對人生重要的事分享給你。這些體悟，可以說是我的中年學。但是，我仍然在學和學會體悟。

我知道，也發現，這些人生的體悟，對我有很多的幫助。所以，我相信對您也會有助益。

四、愛自己也愛世間萬物

從小我就是個靜不下來的小孩，上課不專心，也靜不下心來讀書。我相信是什麼料做什麼事這句話。天生我才必有用！學業成績雖然不好，但是我卻有表演的天份。小學時候參加話劇社，全校午餐的時候都在聽劇團的演出，那可是一件很驕傲的事。

愛自己的第一步，就是要知道自己有什麼長處，就是天份，然後放大這個天份，讓這個特質引導你一生，讓它成為工作，或是興趣也好。這樣你一生會過的很快樂，因為天份和才能，能讓你突出，讓你出色，讓你服務社會。

如何放大天份和才能？它需要進一步的發掘和學習，也就是專精。這就我在給人生十個建議中提到的，為興趣而工作。有著過人一等的才能，再加上專精它，能一生做自已覺得有趣的工作，而且又能做的出色。這不是愛自己嗎！

當你愛自己，你自然會愛世間萬物。你的心中不再有仇恨，眼中看到的都是美好和良善。如果你的心中充滿喜樂和感恩，你會願意幫助他人。

愛自己的第二步是要關注自己的健康情況。健康不是等身體亮紅燈才關注，是平常要自我覺察。年紀輕輕就猝死的新聞不時見到。愛自己就不能讓這種事情發生。保健要做的事不少，但是值得的。人沒有了健康就沒有了一切，再多的財富和名聲都是假的，只有健康在這一切才會是真的。

如何保健？第一、生活作習要正常，不要熬夜。超過十一點睡都不好，更何況徹夜不眠。睡眠時間一定要充足。睡眠品質也很重要，安靜和暗黑的環境有助於提昇睡眠品質。睡前不要碰3C產品也有助益，但現代人可能很難做到，就盡量吧！還有就是歸零一天的工作和心情，再多的事沒做，等明天再做吧！

第二、養成運動的習慣。勞動不等於運動，不是每天工作就是在運動。運動是專為運動而運動。和緩的運動像是瑜珈、太極拳都很好，心肺和肢體負擔大的，像是重訓和長跑，就要漸進，而且不要勉強，否則會適得其反。運動可以增進生理功能，保持一定的活力，也會刺激神經的發展，減少失智的風險。

第三、保健牙齒。人健不健康，跟牙好不好有很大的關係。牙好的人，有助於消化功能，營養的吸收和食慾都會好，腸胃道功能好，不容易得相關的疾病。牙好壞也跟心臟有很大的關係。牙不好，口腔會有細菌，細菌會跑到肺部和心臟，造成疾病。所以千萬不能得牙周病，一旦得了牙周病就很麻煩，牙壞了要做假牙和植牙，都是勞師動眾。所以保健好牙齒可以減少很多無謂時間和精神的損耗。用牙線、仔細刷牙都是必要的。另外也可試試油漱法，就是每天使用椰子油含在口中漱口五分鐘。我的經驗是有助於清潔口腔和保健牙床。

第四、賺的錢盡量的用，不要想太多給子女的事。愛自己，當然要把錢花在自己身上，只有傻瓜才會賺來的錢不花。不花用，那辛苦賺錢何用？父母想太多，留給子女財富，一生努力幫子女買房，除了自己做一輩子屋奴外，還要替子女做房奴。人生大可不必這麼辛苦。子女要照顧，負責他們的教育支出是父母的責任，除此之外，他們的人生讓他們自己努力和負責吧！所以不要留下一大堆遺產，在天上看著子女分產。賺來的錢，花一花吧！吃好一點，用好一點，開好一點的車，玩的高檔一點。如果你有這種能力，就別太省了。錢用的開心、心情好，也有助於增進健康！

第五、退休不是人生的分界點，而是起點。工作是人生的樂趣和社交的來源。好的工作和一輩子能持續的工作就是愛自己。如果你認為玩股票是個工作，它能持續一輩子，到老都還能動腦，它就是好的工作。不是嗎？我所說的工作的範圍比較廣，不一定是正職，凡是能讓你投入的事，都可以視之為工作。退休可能是職場工作告一段落，但人生還有許許多多的工作等著你。退休不是人生的分界點，它反而是你創造其它和更廣泛工作的起點。工作使人年輕，年輕的心，自然活的健康呀！

愛自己還有很多，這些都需要你去體會。當你開始愛自己，你就會開始去關心世界和他人。你會和世界聯結。生命會更多元和豐富。

五、人生的抉擇

改變的勇氣來自絕對的自信和對策的擬定。人生總會遇到生命中的關鍵的抉擇點，工作、婚姻、投資遇到重大的、需要做決定的時候，我們怎麼面對和處理？需要思考的是什麼？

無常，是人生的恆長不變的道理。一如往常的日子，過去農業社會日復一日，比較有可能十年如一日。但時下的社會，無常才是正常。我們常會遇到轉變，可能是毫無心理準備，突如其來的，如何應對？無常下，我們常需要做決定，決定的基準在於已經具備的條件。所以這裡牽涉兩件事，如何做決定，以及具備的條件。

至於人生有那些無常是我們可以先想一想的，我認為它包括以下幾點：

一、財務上的無常。有些變化可以預期，例如我們日漸老去，職場的工作退休結束，少了收入，退休的轉變，可以在預期下規劃，但生病、意外，這些無常的變化就無法預期，那要如何規劃？

無常的人生可能會為你帶來財務上的困擾，理財和投資打好財務基礎是在無法預測風險和變化下，事先可以做的，而且財務自由可以使你的人生發展更多元化。當然理財和投資需要系統方法建立，本書後面章節會著墨。但賺錢的能力是創造理財空間的必不可少的一環。創造賺錢的能力，要把自身的條件鞏固好，條件就很多了，抽象一點的像是人格特質下的做人處世的態度，具體一點像是學歷等，都算是條件。

二、健康上的無常。生老病死，人生的常態，也是無常。人沒有選擇的被生下來，到終了那一天，也沒有選擇被離世。這就是人生。盡管人生就是這麼無奈，生死大事，都沒有選擇的權利。但是我們總有過個健康生活的權利，這個主動權在於照顧自己，也是愛自己的想法。讓自己有個健康的生活，不是靠醫生。醫生是生病來幫助你的，健康要靠自己。運動和良好的生活習慣，早一點睡，運動適時適度，都是基本。我曾經病過，在病中體會出來許多人生的道理。醫院裡沒有快樂的人，能不去就盡量不要去，除非生了病一定得去，我很不喜歡去醫院。每次陪母親去大醫院，看到的都滿臉憂愁的人居多，生病很痛苦，我們要把自己的身體搞好，不要臨老常跑醫院。

三、婚姻上的無常。婚姻是人生大事。但人太年輕結婚，通常沒想清楚就結了。現在離婚率就麼高，都是草率決定人生大事的結果。婚姻雖有契約保障，但終究是一張紙。婚姻是無常的。除非你很確定愛對方，對方也愛你，你們彼此願意為對方付出一切，否則不要輕易結婚。

人生有太多無常，因為人生沒有恆常。對於無常，我們要平常心面對，順境逆境都接受，但要有所準備就能處之泰然。

例如財務的無常，工作上的無常，公司有可能做不下去，可能裁員，這些無常都需要財務上的準備。許多人擔心退休生活並不是過度緊張，退休前後人會遇到許多財務上的無常，你都能從容化解？都有所準備？

接下來，我們就要進入無常下的準備工作，有備無患的老話還是挺管用！

勞動部不斷向外釋出勞保年金改革的訊息，看來勞工這塊也將繼軍公教之後走上年金被改革的命運。勞保年金會如何改？對事關上千萬勞工退休金的權益會有什麼影響？勞工們又該做什麼心理準備？

第二章
chapter 02

即將面臨的退休危機

勞工年金也將被改革

勞動部不斷向外釋出勞保年金改革的訊息，看來勞工這塊也將繼軍公教之後走上年金被改革的命運。勞保年金會如何改？對事關上千萬勞工退休金的權益會有什麼影響？勞工們又該做什麼心理準備？

為了勞保年金的改革，二〇二〇年八月底，勞動部再搬出勞保基金財務情況當訴求。說詞不外乎，勞保老年年金給付由二〇〇九年的 64.25 億元，一路失控走高，二〇二〇年直達 2553 億元。勞保一年保費收入大約只有 4000 億元，光是退休領年金勞工，一年就領走了 2553 億元，超過一半，剩下還要給付遺屬年金、失能年金等其他普通事故保險；未來勞保老年年金給付還會愈滾愈大，很快就會吃光勞保保費收入。

另外，勞動部搬出的非改不可的數據是，勞保五十年未提存潛藏負債持續增加至 9.11 兆元，財務破產年限由二〇一五年精算的二〇二七提前一年至二〇二六年。去年勞保潛藏負債已破 10 兆。說的這麼可怕，代表勞動部是鐵了心，即將推動勞保年金改革。

目前勞保年金月領均額大概只有一萬七千元。大家一定會問，如果勞工少少的退休金終究要被一改再改，那這次改革會朝向什麼方向？勞工的權益又會受到什麼影響？

首先，目前勞保投保人數總計1048萬多人，二〇二〇年上半年，有133萬退休勞工月領年金。勞動部確定保年金改革將溯及既往，也就是目前領年金133萬退休勞工也會受影響，月退休金將會調降。

除此之外，勞保改革也會同時從費率調升、調整年資給付率、拉長平均薪資採計期間等三個面向來考慮。就這三項，我認為最關鍵的是後面兩項。因為它們涉及退休金計算公式的基數，等於牽一髮動全身。基數愈低就領的愈少。

除了少領之外，改革方向還會多繳。這部份今年起勞保費率又再次調高了0.5個百分點，現在的保費率為10％加計就業安定費1％就是11％，未來每兩年還要調升

圖表1：所得替代率計算

用來計算退休後，每月退休金占退休前後的每個月可用所得的比例

來估算生活品質、生活費所需的合理的所得替代率

$$\text{所得替代率} = \frac{\text{退休後每月退休金}}{\text{在職每月月薪}}$$

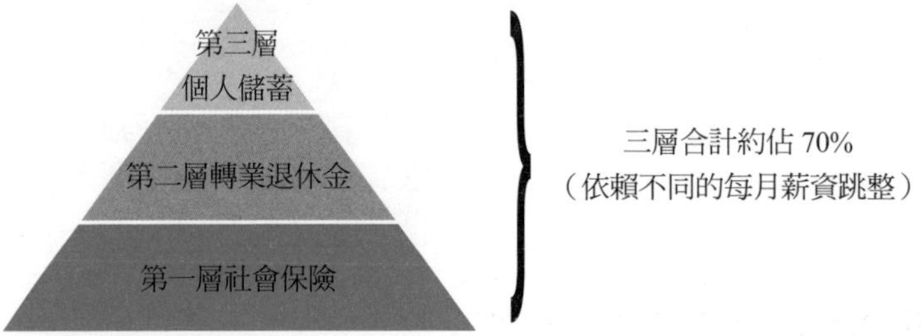

資料來源：中華民國退休基金協會　　製表：陳美萍

0.5個百分點，至上限12%。雖然勞動部宣稱0.5個百分點只會讓勞工每月增加30元的支出，但問題是，雇主與政府支出同步增加不說，勞工本來領的退休金就不多，多繳之下恐怕很多人也不太甘願，更何況未來上限12%的天花板還有可能被打破。多繳就算了，對勞工影響最大的恐怕剛提到的少領。

未來改革方案影響最大的是退休金給付率的調降與拉長平均薪資計算期間這兩項。二〇〇八年立院修改《勞保條例》當時，雖然政府想把勞保給付率大降到1.1%，但最後被立委喬到1.55%成案。勞保老年給付，以

圖表 2：每月勞保保費如何計算

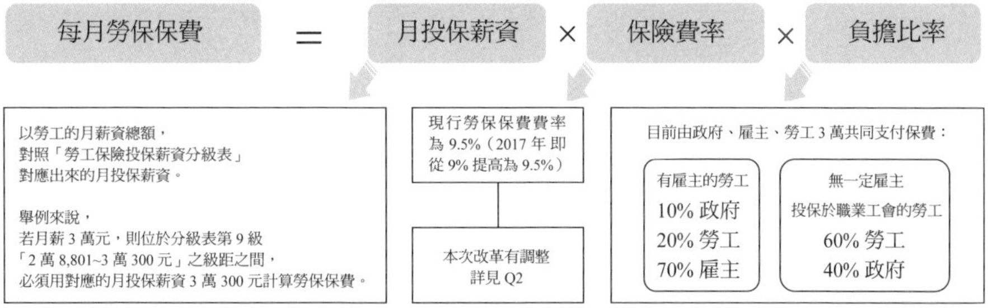

資料來源：勞動部勞保局　　製表：陳美萍

圖表 3：投保薪資等級共 18 級，

最高月投保薪資為 4 萬 5800 元

投保薪資等級	月薪資總額（元）	月投保薪資（元）	投保薪資等級	月薪資總額（元）	月投保薪資（元）
第 1 級	2 萬 1,009 以下	2 萬 1,009	第 10 級	3 萬 301~3 萬 1,800	3 萬 1,800
第 2 級	2 萬 1,010~2 萬 1,900	2 萬 1,900	第 11 級	3 萬 1,801~3 萬 3,300	3 萬 3,300
第 3 級	2 萬 1,901~2 萬 2,800	2 萬 2,800	第 12 級	3 萬 3,301~3 萬 4,800	3 萬 4,800
第 4 級	2 萬 2,801~2 萬 4,000	2 萬 4,000	第 13 級	3 萬 4,801~3 萬 6,300	3 萬 6,300
第 5 級	2 萬 4,001~2 萬 5,200	2 萬 5,200	第 14 級	3 萬 6,301~3 萬 8,200	3 萬 8,200
第 6 級	2 萬 5,201~2 萬 6,400	2 萬 6,400	第 15 級	3 萬 8,201~4 萬 100	4 萬 100
第 7 級	2 萬 6,401~2 萬 7,600	2 萬 7,600	第 16 級	4 萬 101~4 萬 2,000	4 萬 2,000
第 8 級	2 萬 7,601~2 萬 8,800	2 萬 8,800	第 17 級	4 萬 2,001~4 萬 3,900	4 萬 3,900
第 9 級	2 萬 8,801~3 萬 300	3 萬 300	第 18 級	4 萬 3,901 以上	4 萬 5,800

資料來源：勞動部勞保局　　製表：陳美萍

每年1.55％的年資給付率計算。假設工作滿三十年，所得替代率（指退休後平均每月可支配金額與退休當時的每月薪資比例，維持一定的所得替代率，是退休後每月收入是否維持生活水準的關鍵）就是1.55％×30年＝46.5，所以這塊若被調降，就會直接大幅度的影響到所得替代率。

其次，現行年資給付率為1.55％，平均薪資採計期間為六十個月，勞動部認為超出合理範圍。勞動部拿出國外都是採計終身或者至少二十五年平均薪資，現行勞保年金採計期間為退休前六十個月的平均薪資計算，勞動部認為這種採計方式會導致勞工在要領年金之前去調高投保薪資，來個偷吃步。

問題是，並非所有勞工都會或都能這麼做，勞動部這麼說也太一竿子打翻一船人。勞動部長甚至認為，勞保制度不合理之處，是勞工繳少領多，CP值高。繳三十年保費，領回的錢所得替代率46％；繳四十年所得替代率62％，都高於OECD國家。看到這裡，不知道大家會不會心酸酸，台灣有什麼高過OECD國家的呢？有這一項不好嗎？還要自認台灣樣樣都得低於先進已開發國家水平嗎？看來我們勞動部是這樣的想法，廣大的勞工朋友們得自求多福了，只有早點準備自己規劃的退休金才是自力救濟的方法。

不只公保，勞保退休金也大幅縮水

勞工每月能領到的月退金，可能比現在要少掉三分之一到四分之一。

勞保年金可能大縮水，甚至有學者評估政府著手改革勞保年金後，勞工每月能領到的月退金，可能比現在要少掉三分之一到四分之一，隨著通貨膨漲物價上漲，勞工未來能領的年金肯定的只會比現在少，許多人就轉為寄望勞退新制的６％提撥，但經過我們試算後，慘酷的現實可能會讓許多人崩潰。

根據集保公司委託山水民調做的國人退休大調查顯示，國人心中理想的退休金中位數是一千萬，一般勞工如果沒有自己規劃退休金，所服務的企業除了退休新制的雇主６％法定提繳外，也沒有特別再為員工規劃退休金，那麼勞工退休後，就只能依靠勞退及勞保了。

目前勞保年金的所得替代率的計算方式是用固定的基數1.55去乘工作年數。假使某位勞工工作了三十年，乘下來就是46.5％的所得替代率。所謂所得替代率就是勞退年金月領金額可以達到工作期間的薪水的比率。例如，假設勞工退休前薪水是 45800，45800 就是目前勞保投保的上限，那麼勞工每月可領到月退金就是 21297。有學者評估勞保年金改革可能把 1.55 的固定基數往下降，再加上平均薪資採計期間的拉長，未來勞工月領會少掉三分之一到四分之一，也就是如果以 21297 計算，會落在月領 15972 到 14056。

看到這樣的數字，不要說以幾十年後退休的物價計算支出，就算連用目前的物價來看，可能很多人已經快崩潰了。不過，還好的是勞工退休金還有另外一塊可領，就是勞退新制的雇主 6 % 提撥。那麼這部份到底要如何計算，我退休可領多少呢？

勞退新制從二〇〇五年實施至今剛滿十五年，依照規定，新制提繳年資超過十五年而且必須到六十歲才可以選一次領或月領；如果勞工選月領，還必先了解自己領退休金時的平均餘命，也就是還剩多少年可活的意思，才能進一步算出月領金額。如果選一次領就要計算退休金專戶本金及累積收益。

看起來有點複雜，把它簡化一下。以主計總處所做的最新國人各年齡中位數平均薪資 47000 來計算，工作三十年，雇主都有提繳 6 %，就是每月 2820；以目前勞退新制基金投資績效年化報酬率4.2％計算，定時定額投入後的帳戶總額是2040679。再以這個總額進入勞保局網頁試算月退金得出的結果是以六十五歲退休餘命二十年、利率1.1843計算，每月可領9538。勞工朋友們，每月不到一萬元的勞退金加上不到兩萬的勞保金，這就是您未來的退休金，未來物價如何，我們先不計算，用現在的物價，兩萬五千元的生活金一直到走的那天，您可要有心理和實質的準備呀。

勞保年金要改革是必然的，大家要有心理和實際的準備。除了人口利率、政府財政這些大環境因素惡化外，勞動部計算，勞保費率太低是主要原因。目前費率11％，天花板上限12％，二〇二一年要調升到11.5％。如果勞保基金要達到平衡，費率必須上調到27.3％，果真如此的話，以每月40000元薪資計算，勞工每月保費要增加近2000元，雇主要增加近4000，這樣下去，別說勞工辦不到外，恐怕台灣真正的大失業潮就要來到，因為到時候年輕人會更難找到工作，老闆勢必因應成本上升而大砍員工了。

那麼到底該怎麼因應呢，我們先看國際標準再說。

國際勞工組織的標準，勞工退休後每月至少需有相當於最後所領薪資的40％收入，才能有退休後的基本需求；至於聯合國為先進國家所訂的理想所得替代率是70％。代表退休後應該有退休前五年的平均生活花費七成的生活水準。目前勞保年金加上勞退，勞工工作三十年的所得替代率最理想的情況下大約是68％。

這個數字怎麼計算出來的？

勞保年金目前三十年工作的所得替代率是1.55×30等於46.5，再加上勞退6％提撥三十年，以薪資30000起薪每年薪資成長率1％，勞退基金年化報酬率4％計算，得出的結果是21.65％的所得替代率，再把兩者相加得出68％的替代率。

但我要強調的是這是最理想的情況，因為勞保年金46.5的替代率未來可能不保，再來勞退新制二〇〇五年才實施，不是每個勞工都能以三十年資計算，而且勞退基金也不一定能保持年化報酬率4％。

攤開勞退基金的績效，你會發現只要台股大跌，勞退基金不但無法進帳，反而會大虧損。例如二〇二〇年第一季曾大虧4700億，所幸台股反彈才能在年中弭平虧損轉為小賺。最理想情況下，勞退加勞保年金的所得替代率只有七成。

所以我們不禁要問勞動部未來勞工退休的勞保加上勞退的所得替代率到底是多少？你有你的困難要改革，也許勞工只能認了，但勞工也有勞工的困難，大家必須知道一個確定數字才能決定如何自己努力補足不夠的缺口。

全民及政府都必須誠懇面對這個問題，把現況及未來連同方案說清楚

用拖的、用安撫的都不是辦法。目前的困境是全民及政府都必須誠懇的面對這個問題，把現況及未來連同方案說清楚，這樣大家才知道該怎因應，而且應該愈早說清楚愈好，因為時間就是金錢，勞工愈早知道就能愈快採取方案因應。對於勞工而言，有效因應的方案之一是，除顧主提繳的6％外，自提6％補足缺口是個辦法，但目前自提率不到10％，代表十個人裡不到一個人這麼做，如果大家知道了改革後的替代率缺口，自提率一定會提高。勞工的退休危機意識如果上升，也會增加各類退休金投資方案。例如選擇好的基金或是ETF做退休帳戶的投資組合，進行長期的定時定額退休規劃不也是方法之一嗎？

總之，有了未來明確的方向，才能找出對策。不是嗎？台灣人口老化、財政結構惡化、利率趨向於零，這是全民及政府需要共同面對的困境。從總統院長到平民百姓，沒有一個人能置身事外，不能當鴕鳥，唯有及早因應才能找出一條路。

台灣錢再次淹腳目！儲蓄爆表，投資率不足，錢愈放愈不值錢。小民怎麼辦？

台灣錢淹腳目，這句話形容的是八十年代到九十年代，台灣經濟起飛後，民間財富大量累積下，資金橫流，形成各種金錢遊戲和投機行為。從八〇年代的大家樂和六合彩，後來的鴻源機構的地下投資公司的興風作浪，再到九〇年代房市和股市的大起大落，無不是熱錢所為。但熱錢來得快，去得也快，常是到手的財富轉眼一場空。那麼小民到底應該在金錢橫流的世代，如何用對方法理對財呢？

錢太多，有時候是個大問題。對個人來說，錢多多益善，少有人嫌錢多吧！但對國家社會來說，熱錢太多，如果不好好調控，很可能像洪水溢流，造成金錢洪災。

回想台灣八〇年代大家樂，當時借由愛國獎券開獎號，民間處處私開賭局，半夜到墓仔埔求明牌光怪陸離的現象隨之出現。看中民間游資充沛，幫派份子利用老鼠會的方式成立投資公司吸金千億，投資人眼中看見的是四分利，毫不見投資風險，前仆後繼的投入，最終演變成一場本土小型金融風暴。同一時期，一九八九年台股上萬點，引爆了台股從一九八六年1000點起漲的十倍速行情的最高潮。但最終在隔年，也就是一九九一年初泡沫爆破，當年底跌回2485點，標準的看它樓起看它樓塌。

如今民間財富大量累積無處可去，流往股市和房市似乎是最簡單和快速的選擇，不同八〇年和九〇年代初期的投機風潮，如今股市組成結構相對健康，但氣球持續吹大，股市市值不斷膨脹也是不爭的事實。主計總處公布的數據，二〇二〇年台灣超額儲蓄創下歷史新高，達到了3.17兆的歷史新高。超額儲蓄是民間儲蓄減掉投資的餘額，儲蓄是國民所得減掉消費，所以超額儲蓄講白話就是國民所得既不消費也不投資的餘額。

台灣的超額儲蓄就是台灣錢淹腳目的經濟名詞。從一九八四年來，台灣超額儲蓄快速上升，連著四年超額儲蓄率超過10％；一九八六年甚至達到20％；一九八四到一九九〇年七年間累積的總額高達2.7兆，造成了股市從一九八六年的千點漲到了一九八九年的萬點，台北房市從一九八八年每坪15萬，才僅一年就漲到30萬，無殼蝸牛夜宿忠孝東路隨之上演。

如今，僅只一年的超額儲蓄就達到3.17兆，過去四年就超過了10兆，這個巨大的資本如果不管控，任其橫流，當然會有一定的後遺症。對政府來說，民間沒錢頭痛，錢太多也很頭痛。對一般民眾來說，既不投資也不消費，現在又低利，閒錢放著沒利息，但物價持續上漲，負利率的觀念就出來了。

負利率就是在通貨膨脹率大於實質利率下，錢會愈放愈不值錢，也就是錢放著沒利息或是利息少得追不上通貨膨脹率，經年累月後，錢就不值錢了。

那麼理財該怎麼理？拿來買股票和買房抗通膨就成了最方便和最簡單的管道。但買房和買股就一定保值增值？好像也不一定。例如大家看好的台積電，二〇二一年二月十七日鼠年開紅盤來就一路下跌，從二月十七日最高點的668，跌到三月五日最低點還曾見到584元。所以見漲追漲，見跌殺跌不是好的投資方式。那麼什麼是好的方式？標準普爾提供的家庭理財四象限，倒是大家可以依循的人生財富之道。接下來我將告訴您具體的退休規劃方法，其中也包括了家庭理財四象限。

觀念決定一生的成敗。理財和投資是一連串的觀念和方法。思考是一件很重要的事。

理財重要？還是投資重要？理財是投資的前端，理財好才有能力投資，正所謂先理出第一桶金。

- 理財重要？投資重要？
- 財如何理？先要有財？要理才有財？
- 投資還是投機？
- 有了錢做什麼？沒有錢有差嗎？
- 人生到底追求什麼？

第三章
chapter 03

提早思考退休對策

規劃老後退休金要提早有系統的進行，目的在早一點達到財富自由。如果能達成不靠薪水收入，依靠投資收入就可以滿足生活支出所需，大體上可以叫財富自由。

一般來說，退休有幾種收入的可能：其一是勞退和勞保；其二是企業退休金，這不是人人都有的；其三是自己累積的退休金。如果所有管道的退休金可達到退休前的月收入，就達成了所得替代百分之百的目標。

為達成目標，提早規劃是必要的。此外，勞保和勞退並不見得是看得到拿得到。主因是勞保年金受到台灣人口結構和利率的變化影響，已呈現入不敷出的情況。未來有可能勞保不保。

對策1：提早找出退休規劃的對策，先從個人財務管理思考起

- 理財重要？投資重要？
- 財如何理？先要有財？要理才有財？

- 投資還是投機？
- 有了錢做什麼？沒有錢有差嗎？
- 人生到底追求什麼？

投資前，先學會理財本質，這是最基本的。

不會理財，沒第一桶金如何投資？

觀念決定一生的成敗。理財和投資是一連串的觀念和方法。思考是一件很重要的事。

理財重要？還是投資重要？理財是投資的前端，理財好才有能力投資，正所謂先理出第一桶金。

巴菲特雪球理論裡的雪球，也就是投資的本金很重要。理財和投資在於理現金流量表和資產負債表的管理。

現金流量表是創造資產負債表的前端。一個人有兩種收入的觀念要先確立。薪水收入是創造理財收入的前端。

有穩定的工作後，薪水收入分配在各種支出上，其中理財支出必不可少，理財支出可創造未來的理財收入，是一種把當下的支出轉化成未來收入的可能。

理財支出加上收入減去支出的剩餘，這兩筆錢放在各種投資名目下，經年累月就能產生源源不絕的理財收入。例如，固定收益性質的債券利息收入和股票股息收入及房租收入，這種固定收益的收入，可以再滾入各類資產的投資，形成活水源泉般的財務規劃循環，使財富堡壘愈來愈穩固。

我看很多有錢人的致富路徑都是很一致地運用這種方式。但窮人不懂或是沒機會，理不出第一桶金。

有錢人另一個致富秘訣是房地產和股票的交叉運用。

他們左手囤房右手囤股。當股市時機好的時候，拿房產去銀行質押借來大筆的低利息資金投入股市，待股市大賺一票後出場，拿賺的錢去還貸款，同時買更多的土地和房產，如此一直循環下去，使得手中的股票和房產愈來愈多。標準的例子就是保險公司，眼下的保險公司那一個不是大地主兼買了一堆股票。繳保費的人，拿錢給保險公司投資，結果讓保險公司成了最大的房東和股東，保戶只領一點點的利息。這就是財富的差別。

例如，二〇二一年初新光人壽以 92.88 億重金標下南京東路上的中華開發大樓準備自用後，啟動危老重建。中華開發大樓土地面積 755.65 坪，換算每坪素地價格高

圖表 4：個人財務報表反映全方位理財需求

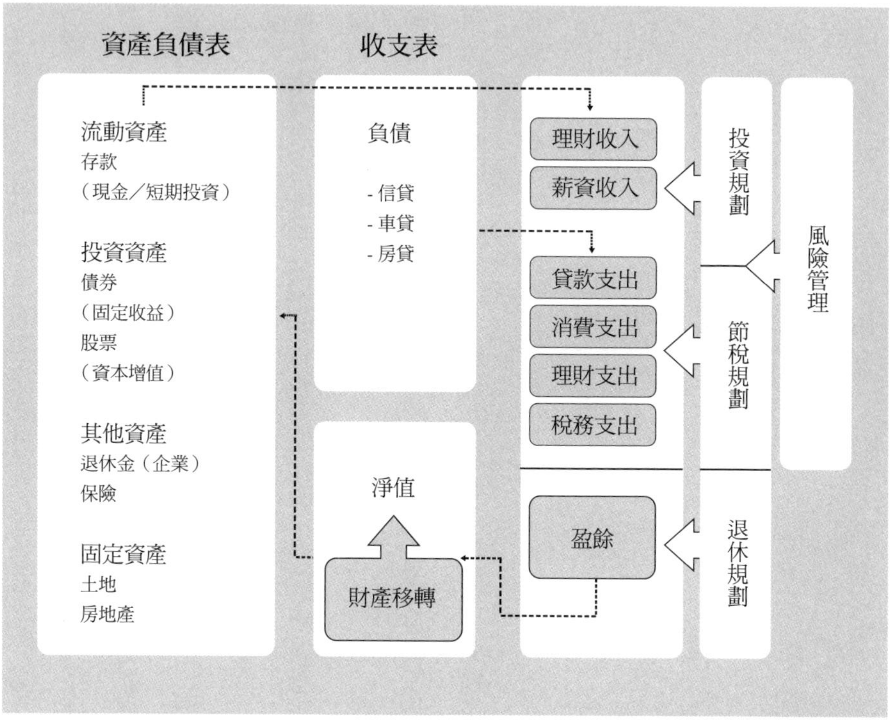

資料來源：CFP 標準課程

製表：陳美萍

達1229萬，如果不是看在日後危老重建的容積獎勵，新壽是不可能用這個天價搶標。新壽將全面啟動集團下物業大樓的都更，包括新光集團的起家厝新光南東大樓、新光產物大樓、新光纖維大樓都在規劃之列。這些建物都更啟動後就會把人員搬到中華開發大樓上班，等集團內大樓逐一都更完畢，最後再啟動中華開發大樓的危老重建。新光集團不知道是風水因素還是什麼原因特別鍾愛南京東路，標下中華開發大樓後，南京東路從一段到五段都有新壽的地盤，包括新光纖維大樓、新光南東大樓、新光南京科技大樓、台北金融大樓、前瞻金融大樓，合計六棟大樓位於南京東路上。

新壽撥打的如意算盤就是著眼於都更和危老重建後所將帶來的龐大的開發利益，但相對爆量的飯店和商辦危老都更的日後龐大樓地板面積供給量是不是有相對的需求可以消化，這也是得持續觀察商辦市場的重大變數。

對策2：退休金怎麼規劃？

先學會理財的本質

解秘標普家庭理財四宮格

巴菲特說過投資就像滾雪球，需要三個要素。首先，一開始的雪球本身最好要夠大，接著要有一個長長的下坡道，最後，坡道的雪要夠溼。這三要素講白話就是本金、時間和利率三個理財要素。本金就是夠大的雪球，長長的坡道就是足夠的時間，夠溼的雪就夠高的複利。運用這三要素再搭配標準普爾的四家理財四宮格就可以累積到一定的財富，過個好的退休生活。

標準普爾是全球三大信用評等公司之一，它綜合和研究了家庭財富穩固的許多個案例後，得出了一個四宮格的家庭資產配置方式的結論。這四宮格主要的意義在於資產配置，也就是家庭或個人財富的比例分配。四個象限，分別是要命的錢、保命的錢、保財的錢和生錢的錢。比例是要命的錢占10％，保命的錢占比20％，保本的錢占比40％，生錢的錢占比30％。其中最重要的財富分配是保本的錢，要占到所有財富的四成；其次是生錢的錢，達到了三成。

所謂要命的錢指的是家庭的日常開銷，即食衣住行等日常開支，這部份的錢是要能隨領隨用的，放在活儲或活存裡，提款機可提到，可以用來支付信用卡費、水電帳單和房租的。

至於保命的錢指的是醫療支出和保險支出這些花費，它不一定是日常必要支出，但卻是為了讓生活能更穩固的開支，例如保險規劃。平常這筆支出看似無用，但等事情發生時它就能產生一定的補償作用，所以保險不是投資，是風險規劃，是為了一旦發生沒預料到的情況可產生的事後補償機制。有了要命和保命的錢，個人或家庭的生活就能立足在相對穩定的基礎，但談不上豐衣足食和大富大貴。

要能進一步升級生活水平，就要好好規劃保本的錢和生錢的錢這七成的主要財富。首先，生錢的錢指的是投資，一般會透過機會財的工具來做，也就是股票這些風險等級比較高的工具。風險高代表回報也高，所以能錢滾錢，但也要滾對方向，否則最終也是白玩一場。由於股票不保本不保息，但具備較高的資本增值回報的可能，所以是最常用，也是最好用的生錢工具。至於保本工具就是債券了，投資等級債券具備低風險回定收益性質，所以可以保本保息，相對股票，債券保守穩定，但缺點是收益固定沒有超額報酬的機會。但是如果搭配三成的股票和四成的債券就能提高財富整體的回報率，同時兼具穩定性。這也是標普家庭資產配置的精神。

對策3：投資的秘訣！
時間財和機會財的規劃不可少

標準普爾推出的四宮格是研究了許多的財富穩固家庭的理財之道的結論和建議，但可惜的是缺乏實際的作法和策略。然而可貴的是，它提供了一個很好的概念和藍圖。一般家庭和個人如果能依循這個藍圖和概念，再佐以實際的策略和可行的方法，就能循序漸進規劃出好的財富堡壘和退休人生。重點在財富占比四成的保本的錢和占比三成生錢的錢的實際作法。我多年理財和投資的經驗是自創的時間財VS.機會財規劃，和一套股票和債券的標的物選擇與進出場時機規劃。

所謂保本的錢主要是債券的投資。生錢的錢是股票的投資。股債是資本市場最重要的兩大資金池。兩者具備平衡的作用，像是翹翹板的性質。股價屬於風險性資產，債券是非風險性資產，兩者在風險屬性上正好相對。所以當股市風險上升時，市場資金會撤出流往債市避險；但當風險下降時，資金又會從債市撤出流向股市，這種資產風險特性造成了股債價格的上漲下跌不同步的翹翹板現象。

圖表 5：理財四象限

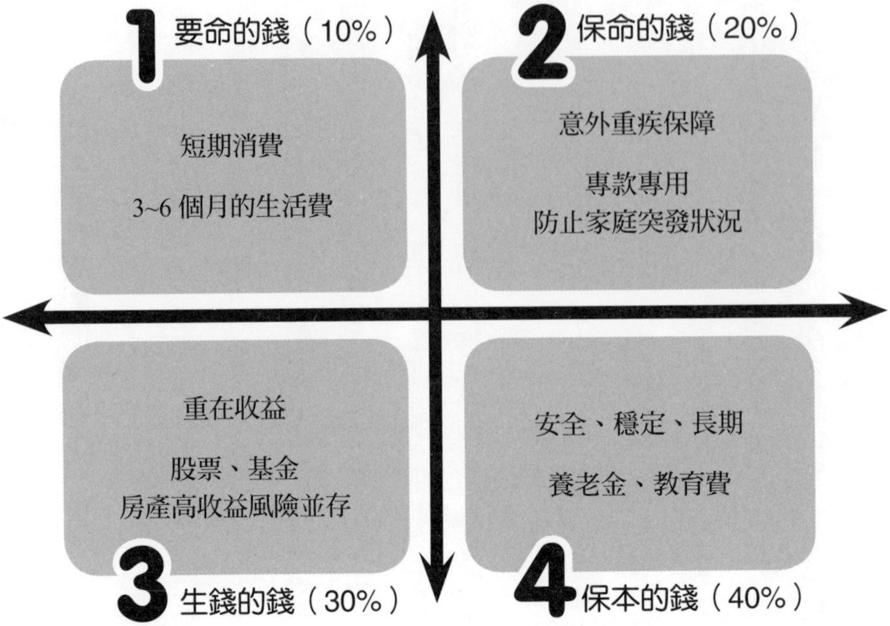

資料來源：標準普爾　　製表：陳美萍

但長期而言，如果把時間拉長到十到二十年，股債會同期地出現價格升高的現象，盡管短中期股債的價格都可能因為各種不同情況下跌或上漲，但長期走勢是同步持續向上。這種情況叫做股債的市場報酬率。

一般而言，美股和美債的市場報酬率是最穩定的。一九八五年來大約每年是6～8％。這種報酬的產生來自幾個方面，包括：股息和債息的收入，資本利得的累積。

宏觀環境下，貨幣是無限量一直產生，但股票和債券畢竟有一定的發行數量的限制。在通膨的推升下，股債自然也會產生一定的逐年報酬率。所以懂得投資的人，一定會把錢放在股票和債券這個有價證券上，而不會放現金被物價侵蝕。但是，股票和債券的投資屬性不相同，股票著重於資本增值，債券著重於債息收入，也就是買股票看重的是股價的上漲，但債券看重的是保本和利息。所以依此，我創造出時間財和機會財的投資方法，以對照標普家庭四宮格給大家更明確可行的方式。

時間財是以時間創造財富，機會財著重於時機上，進出場時機很重要，時間財完全沒有進出場時機的問題。

進出場時機涉及到兩種投資思維，第一是趨勢性投資，其次是波動性投資。進出場時機點適用於趨勢性投資，也就是著重於價格的上漲和下跌的趨勢，採取上漲趨勢中買入，但下跌趨勢賣出，或是下跌趨勢放空的策略。波動性投資就不管上漲或是下跌，著重波動，用時間運用波動產生的價差，賺取價格波動和時間關係下的平均成本策略。簡單的例子就是基金的定時定額投資的平均成本法。平均成本法也就是時間財的實際應用方式。

時間財和機會財，我創造出策略、條件、本質、機會、風險和應用六個面向，提

圖表 6：你要賺什麼財？

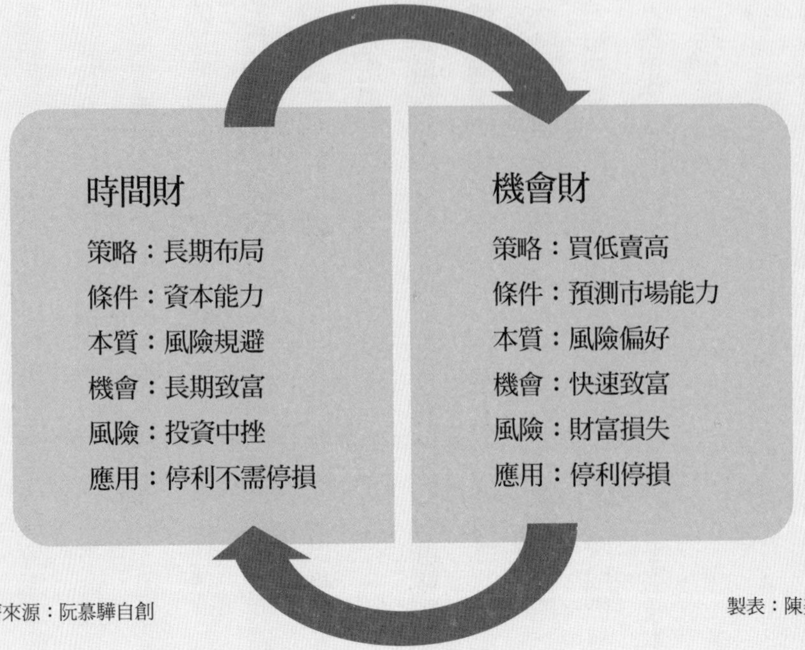

資療來源：阮慕驊自創　　製表：陳美萍

供完整的思維和方法。

策略上，時間財著重長期投資，機會財著重買低賣高；條件面上，時間財著重資本能力，口袋愈深的人愈適合，但機會財給小資族參與的機會，但需要學會預測和看懂市場的能力；本質面上，時間財是運用時間規避波動風險，但機會財正好是找抓波動賺取高低價差；機會面上，時間財需要時間可以長期致富，但機會財要的是快速致富；風險面上，時間財沒有太大風險，但不可以中斷投資，要堅持走完；機會財則有快速財富損失的可能；所以，時間財的應用面上著重停利不需停損，但機會財既停利也要停損。

房地產與股票的時間財和機會財運用方式

請問，全台灣誰的房地產和股票最多？答案無它，就是各家壽險公司。保險公司收進保戶的錢，叫做保費，保險公司是把這些錢放在定存嗎？答案當然是否定的！保險公司收進保費，主要放在國內外的債券、股票和房地產上。放在債券是保本保息，做為保險公司的一級資本，房地產用來收租兼增值，股票用來收股息兼增值。最終保險公司再把這三項賺的錢付息，也就是保單利息，付給保戶。運用這樣的資產配置和財務管理，保險公司資產愈來愈豐厚。全世界的保險公司是懂得時間財和機會財交叉運用的法人了。

有錢人通常是靠資本利得有錢的，資本利得主要來自於土地、房產和股票，房地產是時間財，股票是機會財，善用這兩種財的工具，就能財上生財，財源廣進。據說國泰人壽創辦人蔡萬春就是到日本東京看到最好的地段，大路邊的三角窗都是開保險公司，才興起創辦國壽的想法。

要致富就要懂得運用不動產和股票的景氣循環生財之道。首先，不動產是時間財，通常都會區或好地段的土地放愈久愈值錢，這也是為什麼台北、台中許多重劃區裡停車場和汽車旅館林立的原因，這兩種特殊用途的土地通常都是有錢人用來養地的。財團或有錢人買了地，就拿去向銀行抵押借錢來買股票，股票生的股息可用來還銀行借款利息，股票增值的價差還可以用來還借款本金，等於是拿銀行的錢來還銀行的錢。

但是買股票一定賺嗎？答案當然是否定的。所以，買股的時機很重要！切記，大買股票的時機是景氣差到不行，股價跌到不行，所有人都看空、都悲觀的時候，就是拿大錢買好股的機會。這時候因為景氣不好，銀行雨天收傘借錢不易，只有信用良好而且有優質抵押品的人才能借到錢。什麼是優質抵押品？就是投資等級債券和好地段的不動產。這些優質抵押品都在有錢人手上，景氣不好時，利率一定低，有錢人就拿優質抵押品向銀行借錢，借出來低成本的資金就拿去買好股放著。等到景氣春燕來臨，股票價格回升，有錢人即賺股息和賺價差時，再高高的把股票賣掉，還銀行借款本金，多出來的錢就再去買優質不動產。

就這樣周而復始，有錢人就愈有錢，錢愈滾愈多，社會的財富當然也就愈集中化。不單台灣如此，全球都一樣！

所以，想要有錢，就要懂得有錢人生財的方式，運用時間財和機會財。不過，你也可以不必這麼有錢，有錢不見得快樂。不必定要當有錢人，要當有錢人就有當既有錢、又健康，而且快樂的有錢人，是嗎？

但投資長短財之前，先認識股票的本質。尤其對於躍躍欲試的理財小白而言。在探討股票的本質之前，先來看看二〇二〇、二〇二一年的股市。

三十年來沒這麼好過！景氣亮紅燈，股票該抛了？

第四章
chapter 04

小心二〇二一年股市泡沫化

三十年來最好，能持續多久的景氣

三十年來沒這麼好過！景氣亮紅燈，股票該拋了？

二〇二一年二月景氣燈號亮出十年來沒見過的紅燈！紅燈代表的意義是景氣好到不行。好還有更好，亮紅燈的分數高達四十分，這可是三十二年來沒見過的分數。上一次達到四十分，正是一九八九年四月，台股從 7000 點一路攻向 12682，創下歷史上首次萬點行情的超級瘋狂年代！既然亮燈代表景氣熱絡，為什麼有一票人示警紅燈賣股票呢？現在真的是賣點嗎？賣了會不會錯過了大好的行情呢？

這些問題是我最近碰到的朋友都有的疑問？在說我的看法前，我們先來了解什麼是景氣燈號？它跟股票又有什麼關係？

景氣燈號是國發會的前身經建會在一九六八年所開始編制，它總共有九項指標所組成，每一項指標最低分一分，最高分五分，所以組成的分數從最低九分到最高四十五分，為方便民眾了解目前景氣概況，就用燈號代表分數，三十八分到四十五分是代表景氣過熱的紅燈，九到十六分代表景氣低迷的藍燈，介於這兩個極端燈號之間的分是代表景氣熱絡的黃紅燈、景氣穩定的綠燈、景氣欠佳的黃藍燈。

這一次發布的分數很驚人，四十分一舉越過了三十八分，九項指標達到紅燈五分有七項，主要涵蓋了工業、製造業指數、設備進口值這些偏向製造業生產和營業端的指標，還有就是金融面的股市、M1b，另外就是內需的消費面指標都升到了好到不能再好的情況，唯獨最大的反差就是非農業就業情況仍停留在最差的藍燈，至於出口則是接近紅燈的黃紅燈。

從這些指標所顯示的情況，我只能說只待疫情過後，服務業全面復甦，假設目前全球向上的景氣不變，台灣經濟將來到史無前例的榮景。既然如此，為什麼有所謂的藍燈買股票、紅燈賣股票的說法呢？其實這種講法只是一個概念，並不能做為投資完全依據。

例如，前一次亮出紅燈是二〇一〇年一月，當時連亮了四個紅燈，之後五月和六月掉到黃紅燈，但是七月和八月又上升到紅燈，對照當時台股加權指數二〇一〇年一月確實升到波段高點 8300 點附近，盡管當時景氣依然熱絡，但是大盤反向下跌，五月見到 7032 點的低點，如果當時紅燈賣股票的人，短時間內可能覺得賣對了，但長時間來看是錯了，因為大盤後來從 7032 一路漲到二〇一一年第一季的 9220 才見到真正中長期波段高點。

那波景氣從二〇一〇年上半年的高峰反轉後，一直到二〇一一年的十二月才又見到藍燈。再次對照當時台股大盤也確實從二〇一一年初的 9220 跌到年底 6609，等於二〇一一年是個全年走跌的熊市。6609 見底後，台股走出一波大多頭，一直到二〇一五年的四月再見萬點。

由此可見，紅燈賣股不見得完全準確，但藍燈區間慢慢逢低買股倒是很值得參考。另外，從景氣燈號發布以來到二〇一〇年之前，總計亮過十五次紅燈，景氣燈號亮紅燈後一個月、三個月、半年，台股漲多跌少，平均漲幅分別為 9.25 %、28.73%、39.84%，其中一九八七年二月景氣燈號亮紅燈後半年，台股更是出現 217.25% 的驚人漲幅。

從長時間的統計情況來看，我們可以下一個結論就是，景氣循環是周期現象，有紅燈之後必有藍燈，大方向是景氣好到頂點時，投資確實要有戒心，因為伴隨的大盤指數和股價都必定漲了一定的程度，但不必緊張到立刻拋股，因為景氣不會瞬間反轉，但盛極而衰是必然，股市也是一樣。當景氣見頂真正反轉時，空頭市場就會來臨，在此之前，股市不是持續上升，就是形成空頭前的頭部形態，這些可能的過程沒人知道會維持多久？

以目前全球股市和台股而言，仍在景氣行情的多頭行進之中，不必預設高點，沒有先知可以告訴你景氣會好多久，所以股市也不是說大跌就大跌，反而更有可能的是持續上漲，但是當景氣一旦反轉向下，就要小心股市多頭力竭、反轉向下的可能了！

貧富差距擴大下，全體社會消費動能不足

台灣窮得只剩下錢？一直以來，投資和消費都不足。

逐年飆高的超額儲蓄去年來到了3.17兆的歷史新高，而且二〇二一年以前的四年間

就累積了超過10兆台幣的巨資。台灣的現況是大量的游資無處可去，貧富差距擴大下，全體社會消費動能不足。企業手握大筆現金不敢投資。全球普遍低利化下，游資流往股市和房地產市場形成泡沫現象。隨著金融市場投機氣氛愈來愈高漲，一場全民金錢遊戲正在進行之中。

再加上二〇二〇疫情危機，在美國聯準會大撒貨幣帶動美股大跌之下，台股二〇二〇年也演出的亮麗行情。加權指數全年漲升了2735點，漲幅達到了22.8％。如果以農曆年來看，鼠年台股加權指全年上漲幅度更大，達到了30.4％，全年漲了3683點。股市熱到新增開戶數大增了67萬戶，總開戶數達到了1123.5萬的歷史新高。股市熱到發燙下，二〇二一年一月放在證券劃撥款準備投入股市的資金高達2兆7647億，創下歷史新高，單月就誇張地大增了1116億。至於代表資金動能的貨幣總計數M1b和M2年增率分別達到了17.81％和8.84％，分別創下了十年半和二十一年半的新高。

這種股市的熱度難得一見，近來無論走到那都可以看見人們高談闊論股票，隨時可見人們盯著手機看股票行情，讓我感覺股市榮景到盡頭的擦鞋裡現象似乎又再現。

民眾熱衷股票投資無可厚非，一方面台灣全民普遍有退休的憂患意識，畢竟誰都不知道勞保和勞退最終到底保不保，又會不會被一砍再砍；再來房價高漲，租房生活又不穩定，房價物價的上漲但薪資漲幅有限，甚至停滯。

誰不想能在有限的收入增長之下有個好房過日子，但一揹揹二十年甚至三十年的房貸，又常使得買了房的人被壓得喘不過氣來，一輩子到老得當屋奴。

此外，台灣的現況又是貧富差距持續擴大。根據主計總處二〇二一年初公布的最新數據，台灣家庭所得差距連續三年擴大，居前20％家戶所得是居後20％家戶6.1倍，創下了近七年來最大的差距。

事實上，貧富差距的根源主要來自資本利得，薪資當然也有有關係，但遠不如資本收益的影響性大。

以二〇一七年為例，財富前20％的人，薪資所得占總收入比仍高達75％，資本所得占比是18.4％。但財富前1％的人，薪資所得占比就大降到只有52％，資本所得占比升高到39％。如果把統計範圍進一步聚焦到最有錢的千分之一和萬分之一的金字塔頂端，甚至塔尖避雷針的特殊族群，他們的資本收入占所得比就更進一步提高到61％（千分之一）和79％（萬分之一）。二〇一七年，萬分之一最有錢的人，當年平均土地交易所得是6400萬。

一個台灣兩個世界，市井小民在小7吃微波晚餐，有錢人在四十層頂樓享用各國美食。這難怪股市行情一起，市場由游資要蜂湧進入了。誰不想做有錢人，誰想三餐吃微波食物，誰不想一夜致富賺快錢，誰不想還清房貸，做財富自由的人？所以，不要指責買股票的人是投機心態。如果投機真的可以致富，又為什麼只能給有錢人投機，而小民不行呢？

全球股市大漲，投機氣氛愈來愈濃，股民想的是今天買入明天漲停。市場游資充沛到史無前例的地步，甚至錢不夠借就有，槓桿2.5倍，只要拿出40％本金，其他60％用融資。上市集中交易市場融資餘額爆增。二〇二一年前兩個月，股市大幅波動，每日動輒高低點差距300點，但市場融資餘額反向大增，到三月五號，一個月融資餘額增加了169億，增幅8.7％，三個月增加近400億，增幅23％，半年增加了565億，增幅37％。融資的增幅遠遠超過同期基準指數的漲幅。

手握台股最多股票的外資法人，卻反向的操作，二〇二〇年外資淨賣出台股超過5000億，二〇二一年才三個月就賣超了3700億，股票流向明顯可知從法人流向了散戶。值此同時，國民所得減掉消費和投資的超額儲蓄創下了歷史新高，二〇二〇年全年達到了3.17兆，過去四年就累積了超過10兆的巨資無處可去。如果全面流往房市和股市，我有點擔心就好比讓已經是汽油桶的資本市場來上一根番仔火，會全面引爆不可收拾嗎？

牛年必有大震

鼠年台股大盤加權指數大漲超過3000點，漲幅達到三成，台股成為全民焦點，上市公司市值突破40兆台幣大關，成交量與日均量雙雙創下歷史新高紀錄。股民期待牛年也能繼續發財。不過，大盤從鼠年底點指數已漲升一倍左右，高基期下小心巨幅震盪。回顧台股歷史上的牛年必有大事發生。細數前兩次牛市，也就是一九九七年和二〇〇九年，全年指數振幅都超

圖表7：歷次牛年台灣經濟情況

	大事記	經濟成長率	通膨率	失業率
1961年辛丑	波密拉颱風	7.1	7.90	–
1973年癸丑	全球石油危機	12.8	8.20	–
1985年乙丑	十信風暴	4.8	-0.17	2.91
1997年丁丑	亞洲金融風暴	6.0	0.91	2.72
2009年己丑	全球金融海嘯	-1.6	-0.87	5.82

單位：%　　製表：陳美萍

資料來源：主計總處

過50％，二〇〇九年的大盤震幅甚至達到將近90％。牛年想在股市賺錢，恐怕安全帶得綁緊了。

鼠年對股民來說，是倒吃甘蔗的一年。雖然鼠年開紅盤股市就來得個大跌近700點，三月疫情全球爆發下，美股崩盤，加權指大盤一度急跌到8523點，但股市終究在全球各國央行的全力救市史無前例的大規模開動印鈔機下得到救贖。整個鼠年股市在三月見底後一路走高，封關在15802點，鼠年加權指上漲了3683點，漲幅剛好是三成，大家如果抱對股，相信賺錢少不了。

不過，二〇二〇年一整年，股市振幅高達52％，說實在的，也是大起大落的一年。俗話說，殺頭的生意有人做，賠錢的生意沒人做。股市有錢賺，加上全民有退休的危機意識，大家都往股市裡衝。鼠年股市全年成交量衝到將近50兆與日均量超過2000億都創歷史新高，熱度可見一般。

台積電跟聯發科領不領漲是指標

展望牛市，目前多頭趨勢在多數人眼裡仍會持續，畢竟美股台股都還沒看到敗象，市場人氣和資金仍然充沛，景氣也在好轉，疫苗的出現更帶來希望，股市沒理由不繼續漲。但是我認為，大盤指數從二〇二〇年底點已足足上升了快一倍，好的股票價格已經不低，例如台積電從鼠年的333元，已經漲上600，鼠年漲幅89%，聯發科鼠年股價也漲了126%，買一張台積電或聯發科動輒就要六十萬到百萬。股價你說便宜嗎？但是台積電跟聯發科會不會繼續漲，目前看起來答案好像又是肯定的。為什麼？因為它們不單單是台灣最好的半導體公司，甚至也是全球數一數二好的公司，法人給它們的估值和評價都很高，如果你相信大盤還有更高點，台積電跟聯發科就不可能不領漲。

但話說回來，再好的股票也不是不會跌，例如鼠年封關前，台積電就被外資大砍持股下，從679一路下跌到591才止跌，短短幾天跌幅將近13%。對於股市來到高點，也不能只一股腦的樂觀，沒有一絲絲戒心。再來從台股歷史上歷次牛年來看，似乎也暗示著牛年並不是好過的一年，當然歷史不代表會重複發生，但過去四次牛年都有大事發生，一九七三年牛年全球爆發了第一次石油危機，一九八五年發生了十信風暴，一九九七年亞洲金融風暴，二〇〇九年又是美國次貸風暴，四次牛年不是全球就是台灣本土發生風暴危機。這種巧合出現的太詭異。

看到過往的歷史，無論如何讓我多了一分對牛年股市的戒心。太遠的不說，單就最近兩次牛年的股市來看，一九九七年大盤的高點是10256，低點是6789，開盤點6806，當年收盤8187，全年走勢是一月走高到八月，隨後出現九月和十月的連兩月爆跌，最後兩個月再拉升的格局，全年指數振幅，剛好50％。如果你覺得一九九七年台股很精采，那二〇〇九年就更令人讚嘆了。當年指數高點在8188，低點4164，開盤點4725，收盤8188，全年大盤振幅達到誇張的87％。這一年股市是一路直上，幾乎沒有拉回的大漲多頭年，但原因是基期低呀，此前二〇〇八年台股慘跌整年空頭行情一路直下，全年指數大跌了3915點，跌幅高達46％。因為前一年的大跌，才有隔年的反彈大漲。

回顧這兩次牛年台股的歷史，可見大盤基期高或低對全年的走勢是很關鍵。我相信牛年股市仍有利可圖，但巨震難免，小心操作，要多一分戒心，是我給大家牛年股市的建議。

外媒也早已示警台股泡沫

華爾街日報罕見點名台股太瘋狂。二〇二〇年外資大賣台股超過 5000 億，二〇二一年開始在期貨的持倉一直維持空頭部位，外資似乎看空台股，但台股卻從二〇二〇年底不到 14800 點，二〇二一年一月還沒過完就接連突破萬五與萬六大關。台股究竟是外資太保守，還是股民太樂觀，台股真的有大泡沫會爆破嗎？

華爾街日報會專文討論台股還真不常見，不過它點名全世界漲太多的股市一共有三個，包括台股、韓國股市與印度股市，倒也不是只針對台股。華爾街日報點名亞洲這三個股市漲太多的論點主要有幾個方向：第一是二〇二〇年以來的漲幅明顯超過標準普爾 500 指數；第二是成交量太大，這一點華爾街日報舉例韓國股市二〇二一年單日成交量是過往二〇一九年的三倍之多；第三就是本益比，華爾街日報預估，印度股市未來十二個月的預估本益比從二〇二〇年三月來的升幅會超過美股，但奇怪的是印度並沒有像美國有如此大的貨幣或財政刺激。最後華爾街日報還提醒投資人要小心這些市場，並直說當全球股市空頭市場來臨時，亞洲這些漲最多的市場的跌幅也將會是最大的。

暫且不說華爾街日報的評論客不客觀，但無庸置疑的，華爾街二〇二一日報的評論有一定的影響力，也代表某些西方看亞洲的主流觀點，這也難怪外資二〇二一年大賣台股超過5000億，創下史上最大單年賣超紀錄後，二〇二一年以來冷眼旁觀台股的大漲，前一季竟然淨賣出台股3700億，用力大賣台積電，甚至在台股期貨市場持續增加空倉水位，擺明在做避險準備。

平心而論，外資的操作方向應該就是反映了華爾街日報的看法，這一點投資人倒是不應該等閒視之。一昧的認為外資去年大賣下反而台股創下歷史新高，所以本土資金力量大過外資，而掉以輕心忽視外資的力量。

要知道股市的道理就是水可載舟亦可覆舟，那天市場一旦真正反轉，內外資全面倒貨的威力就很恐怖了。

泡沫需要冷卻一下，不要樂極生悲

不過，我對全球股市與台股的整體看法是，目前市場確實短期上漲過速，台股二

圖表 8：台灣加權指數日線圖

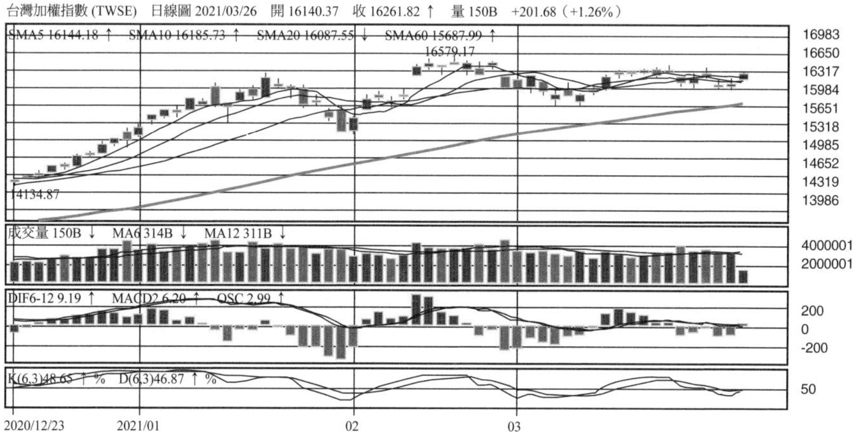

資料來源：XQ 全球贏家　　製表：陳欣兒

〇二一年一月以來，也有過熱跡象，台股或許有泡沫，但還沒有大到立刻會爆破的危險，也許股市稍微回跌一些，冷卻一下股民激情，也順便擠一下泡沫，會更有利長多行情。

股市如果過熱，戳一下泡沫也好，釋放一下壓力是好事。我是從台股成交量與乖離年線的角度來看，提供大家參考。

首先，二〇二一年一月六號與十五號，連續性爆出歷史天量，買賣交投太過熱絡有時會造成行情大幅波動，一月六號當天大盤爆出4386億的天量，當天大盤開高走低，收跌16點，但大盤高低

圖表9：加權指數乖離河流圖

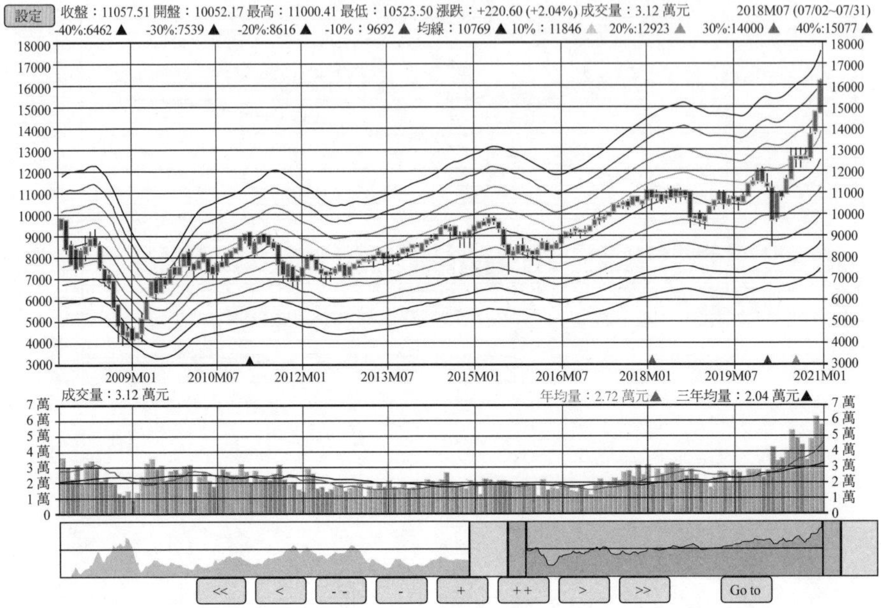

資料來源：goodinfo　　製表：陳欣兒

點差達到360點，一月十五號再爆出4435億天量，大盤又是開高收低，但這次跌了90點，高低點差更大到了426點，這兩天的情況證明了大盤一量成交量過大，市場情緒很容易受影響不穩定。

其次，從大盤乖離年線來看，大盤從二〇二〇年十一月以來大漲，月k線連三紅。加權指數乖離河流圖上顯示月線已經正乖離年線接30%，這是二〇〇九年十多年來沒見過的現象，通常乖離過大都會壓回做適度的修正，也就是我所說的擠一下泡沫會走的更遠；如果不修正，讓它像火箭般向衝向太空，衝到最後力竭的結果就是自由落體。相信大家都不會願意見到這種事情發生吧。

亞洲金融風暴，國際資本先期投入亞股各國的股匯和房地產市場，再經由泰銖崩盤導致亞洲各國股匯和房市全面崩潰之後，外資再出手以跳樓大拍賣的價格收購不良債權和逢低買入股票。

當時最有名的例子是國際大炒家索羅斯鎖定香港股匯市做空對戰港府的赤裸裸的金融大戰。當時馬來西亞總理馬哈迪就曾經嚴厲指責索羅斯是做空泰銖和馬幣的國際大黑手。索羅斯本人九七亞洲金融風暴平息後承認九七年初他的基金確實放空了泰銖和馬幣，但他強調，亞洲金融風暴爆發當時他並沒有加空東南亞各國貨幣，反而他的基金當時是全力買進這國家的貨幣。索羅斯在九七金融風暴席捲東南亞各國反手回補了先前放空的各國貨幣，從中間大賺價差。

國際資本對新興市場一貫的手法就是養套殺三招

從這一段血淋淋的金融史，我們可以知道，國際資本對新興市場一貫的手法就是養套殺三招。養大肥羊，也就是用熱錢造成新興市場國際的股市和匯市泡沫，用未來還會再漲的美夢套住當地資金，最後等泡沫爆破導致資本價格大跌後，再從容的進場收捨殘局大撿便宜貨。這就好像把羊養大了好痛快的剃毛。

以台股為例，二〇二〇年底外資占台股總市值比接近43％，其中外資持有台積電股票占台積電股本的73％。台積電這幾年股價大漲，賺最多的莫過於外資了。二〇二〇年外資大砍台積電48萬多張，二〇二一年前兩個月又賣掉30萬張，外資愈賣但台積電愈漲，市場因此嘲笑外資賣錯了，把台積電這麼好的股票賣掉。但仔細想想，二〇二〇年初以來，台積電股價上漲了一倍，外資逢高賣出，似乎也沒什麼不對，畢竟外資手上有著將近2000萬張的台積電，就算賣個200萬張，占比也才一成。

二〇二一年初，華爾街日報才點名台韓和印度三地股市漲太多，並預告怎麼漲上去就怎麼跌回去。結果二〇二一年來外資果然在台韓股市大減碼，一月統計的數據顯示，外資在台灣股市撤出了33億美元，韓國股市撤出更高達了53億美元，唯獨在印度股市還是持續加碼。由於台韓股市都是以半導體和科技股為主，和美股連動都很密切，相較印度股市以內需、工業和金融股為主，有很大的結構不同。

難道外資也看出來這幾年來大漲特漲的全球高科技股已經見到了泡沫跡象，要全面在亞股以科技股為主的市場剪羊毛了嗎？

如果外資真的要剪羊毛，二〇二一年在台股的操作肯定是小買大賣，持續維持期貨的空倉部位。如果國際金融市場有大波動，外資還可能加大賣出力道，加速出脫股票。屆時就要考驗內資如何因應這股龐大的賣壓。

不只台股，美股也出現不祥訊號。

美股瘋狂投機又是牛年不祥訊號

北美最大的電子遊戲公司 GameStop，二〇二一年一月上漲了超過 700 %，隨著這檔妖股的飆升，市場貪婪情緒上升到了極點。

美銀分析師 Michael Hartnett 警告說，美股泡沫快爆了。持同樣看法的還有

GMO的創辦人Jeremy Grantham，他甚至說美股崩盤只是時間的問題，崩跌的程度就會像一九二九年或是二〇〇〇年科技泡沫爆破的崩跌程度。這些華爾街知名人士喊空，美股真的會崩跌嗎？

大家不要以為美股崩跌跟台股無關，台美股市就像連體嬰，向來美股大跌，台股沒有一次不跟跌的。二〇二〇年三月美股崩跌，台股跌勢兇猛，相信大家還印象深刻。華爾街這些知名的投資機構喊空美股，就等於喊空台股，我們是要有戒心的。

古希臘作家希羅多德Herodotus曾寫下了上帝要毀滅一個人必先使其瘋狂的名句。我借來引用，股市要毀滅前必先使其瘋狂。美股如果要毀滅，絕對不是毀滅在利空，一定是毀滅在極度樂觀和瘋狂之中。這也是為什麼去年新冠疫情不但沒打倒美股，反而造成短線急殺後一直延續到現在的大漲行情。

股市的多頭行情毀滅向來是毀在人性，而不是天災

股市的多頭行情毀滅向來是毀在人性，而不是天災。二〇二〇年美股最瘋狂的事件簿就屬特斯拉。一家一年產量才五十萬輛的電動車公司，股價漲幅全年達到了

700%，創辦人馬斯克還因此當上了首富，特斯拉的市值達到了8000億美元，超過了MSCI印度股市指數所有成份股的加總市值。特斯拉的傳奇跟GameStop相比，就小巫見大巫了。

特斯拉至少有領先全球的電動車科技和製造能力，但GameStop是一檔幾乎要下市的股票，它的股價從二〇一六年的28美元一路跌到二〇一九年的3美元，在這家公司被逼得快破產下市之際，有人鼓吹買入這家公司的股票，就這樣這家公司的股價就從去年底的不到20美元大飆到160美元。上漲的過程除了用瘋狂來形容外，我也找不到其它形容詞可言。

GameStop股票的狂漲，就是散戶撒豆成兵與對沖基金的軋空對戰。雖然GameStop是北美最大的電子遊戲通路商，但它股價的上漲卻跟基本面營運情況毫無關係。這次新冠疫情，美國政府大撒幣，不少老美拿到政府支票就直接用來炒股，甚至有美國體育網紅完全不懂股票還敢直播炒股，還邊嘲笑巴菲特的怪異現象。

種種光怪陸離的現象出現，也難怪這些華爾街的分析師也好，知名的大佬也好，都看不下去，開始出來喊空。美銀分析師搬來許多數據來警告市場太過樂觀。包括：美國私人部門資產占GDP比已經來到歷史最高的6倍；花旗也警告說目前市場樂觀情緒已經是恐懼情緒的1.83倍，有紀錄以來，從來沒這麼高過。

高盛首席經濟學家Hatzius同詞比較溫和地說美股需要喘口氣了。不過，盡管華爾街極力想要股市冷卻，但多頭卻是欲罷不能，完全不理會投資機構的看法，當市場已經殺紅了眼。在我看來，也只有來一場傾盆大雨才能澆熄這把熊熊之火。

大佬看不下去，孟格警告泡沫

二〇二一年二月，巴菲特的老搭檔孟格發出警語說美股泡沫終將以慘烈方式破滅。

美國科技股在同一時間猛烈的下跌，似乎在驗證孟格的示警。

疫情爆發以來，美國聯準會史無前例的祭出無限量寬鬆政策，釋出了超過3兆美元的巨資，透過美國財政部大量注資民間，衝高貨幣供給量直接養大了股市和債市的泡沫。如今美債殖利率大幅而且快速上升，代表美債被市場不留情的拋售，連動股市大跌，形成股債同步大跌的情況，這真的是全球金融市場泡沫化的跡象嗎？台灣的股民又該如何面臨這可能的巨大危機呢？

九十七歲的孟格和巴菲特是老搭檔，一生最好的伙伴和朋友，也是波克夏的副董事長。最近巴菲特被金融市場的後輩嘲笑，孟格似乎是看不下去了。接受媒體訪問時火氣很大，左批特斯拉和比特幣，右批羅賓漢交易平台（編按：低門檻吸引許多年輕人進入金融市場）和SPAC（編按：特殊目的的收購公司），似乎是在幫朋友平反。

針對大家關心的美股是不是泡沫爆破，孟格說當前美股的泡沫會以慘烈方式結束，但何時崩盤沒有人可以預測。因為沒有人可以預測泡沫何時爆破，所以應對方式是靜觀其變。一生看過多次股市榮景和崩盤的孟格，針對金融市場出現各種瘋狂現象，孟格說的明白特斯拉和比特幣都是泡沫，但還有人不斷在鼓吹買進這類資產。投資機構和無佣金券商都是市場投機氣氛不斷上升的幕後推手。

持平而論，我認為金融市場要崩毀之前，一定會出現各種光怪陸離的瘋狂現象。人性永遠不變，失去理性必定是受到外界的刺激。金融市場上只要眾人出現對金錢瘋狂追逐和渴求，到了人人想賺快錢，想從股市大賺一票的氣氛，大概就離崩毀不遠了。

那目前是不是出現了這種現象？孟格和巴菲特看到了，那你看到了嗎？

GameStop、AMC這些美股瘋狂炒作現象是其中之一，SPAC（編按：（Special Purpose Acquisition Company）即特殊目的的收購公司）這種特殊目的的空殼公司在美股IPO大行其道又是其中之一，狂炒到5萬美元，還有人在吹捧的比特幣又是其中之一，去年大漲到七倍的特斯拉跌入熊市似乎又是警訊。就連巴菲特認為全世最好的公司蘋果股價都快要跌入熊市又是其中之一。

全球股市經過二〇二〇年的大漲，許多人想要進股市賺大錢，賺快錢，前臉書的主管，現在自已出來搞風險投資公司的Chamaty接受彭博社訪問時脫口而出說現在是社群網路投資的時代，已經沒有聽巴菲特的話。他極力吹捧的SPAC，看在孟格眼裡是一文不值的shit。沒錯，孟格就是公開用這個字形容的。現在也許還看不出來到底是誰對，但我相信歷史會告訴你的。

擦鞋童理論的現象又再現

反觀台灣，二〇二〇年近七十萬股市新手開戶，市場力捧台積電為神山，民眾在退休金憂慮或是看到別人賺，也想賺快錢的心態之下，似乎也把股市的風險拋在腦後，不少人想把工作辭掉當職業操盤手。種種跡象讓我感覺到似乎擦鞋童理論的現象又再現。

雖不敢說台股有大泡沫待爆，但隨著股市推高，千金股愈來愈多，平心而論，市場的風險確實也愈來愈高。金融市場不會毀在危機之下，永遠是毀在瘋狂的樂觀和榮景時。二〇二〇年三月疫情衝擊美國，美股一個崩跌跌超過三成，但很快又重生。如今疫苗出現，全球經濟逐步回歸常軌，但金融市場的投機氣氛高漲，價值投資被動量投資取代，各類資產價格推高到史上未見的程度，的確，無論泡沫爆不爆，我們的戒心都要升高。

港府出手先戳破泡沫

二〇二一年二月二十四號，香港財政司突然宣布調高股票印花稅率，上調幅度高達30％。消息一出，當日港股恆生指數應聲大跌近千點，重挫了3％。首當其衝的是港股的龍頭港交所，股價盤中一度大跌超過一成，收盤重挫了8.8％。對市場行情正熱的港股，港府毫不留情的直接撥了盆冷水。香港政府是那根筋不對，要如此發狠，重擊股市呢？

這個消息是香港財政司司長陳茂波在宣讀最新財政預算時說出的。陳茂波的說法是考慮對證券市場和國際競爭力的影響後，決定提交法案調整股票印花稅稅率，由現在買賣雙方按交易金額各付0.1％，提高到0.13％。

所謂股票印花稅大約等同證券交易稅。現行台股證交稅率是0.3％，賣出時收取。香港股票印花稅是買賣都收，加總是0.2％，比台股的證交稅來的低，即使調高到0.13％，加總0.26％，也比台股交易稅收成本低。這個消息對港股來得是晴天霹靂，恆生指數消息宣布當天大跌了914點，剛好是3％，恆指直接跌破三萬點大關。

二〇二〇年，香港為因應疫情，港府擴大了財政支出，兩年間財政儲備從相等於二十三個月的政府開支大降到十三個月，香港財政司預計二〇二〇／二〇二一年度財政赤字高達2576億港幣，緊接的下一個財政年度赤字仍有1016億。至於按照即訂方案調升股票印花稅預估可增加上百億港幣的財政收入，對紓解財政壓力，不無小補。

但大家都知道，調高股票交易的稅率，表面上看似對財政收入有幫助，但實際上未必。這種作法叫做殺雞取卵，調高證交稅導致股市大跌，甚至長期走入空頭，市場成交量必定大減，股民不願進場，再高的稅率也白搭。這麼簡單的道理，難道港府不知道？港府當然知道，所以增加財政收入只是表面藉口罷了。

我認為港府另有深意和目的。從一九九三年來，港府曾三次調動過股票印花稅，這三次都是調降，而非調高。要知道，股票交易的成本，包括稅收和手續費等愈低，愈有國際競爭力。

香港標榜是國際金融中心豈有調高證券交易稅的道理，所以港府在一九九八年四月、二〇〇〇年四月和二〇〇一年九月三度調降到目前的0.1%，調降前是0.15%。從這一點就可以知道從金融自由化來說，港府是在開倒車。就好比如果那天財政部突然宣布要調升證交稅，你看看台股會如何大跌是一樣的道理。所以國際競爭力、證券市場繁榮等各方面來看，港府此舉都非常無厘頭。

因此，我的研判是，港府當然不是笨蛋，它的用意在阻止熱錢繼續流入港股和防範可能來襲的全球金融港沫爆破，也就是在美股泡沫還沒大爆破前，戳破港股的美夢，一棒打醒股民，預告後疫時代全球金融市場大泡沫爆破的風險。港府出手在年初在恆生指數登上三萬點之際，快狠準，看來港股不容易再大漲了，因為政策已經擺明告訴熱錢別再進港股，否則我還有更辣招。

港府的政策做空是港府的決策嗎？當然不是。就好比財政部長敢自行決定調高證交稅前不問過行政院和總統府嗎？所以這明白是北京的意志。北京已經在防範美股爆破對全球金融和經濟的巨大衝擊。那台灣呢？外資二〇二〇年在台股套現超過5000億台幣，二〇二一年又一路賣超超過3000億，擺明了趁台灣居高搬錢出海。台積電今年被外資狠力的賣，如果那天美股真的大崩跌，大熊市來臨，台灣能有防堵對策？還是股民得自求多福呢？

巴菲特公開信昭告債市要小心

巴菲特的波克夏海瑟威發布二〇二〇年第四季財報，除了淨利出現近 50 ％的減幅外，手上的現金部位再次創下歷史新高。截至二〇二〇年底，波克夏的現金部位高達 1383 億美金，比二〇一九年底的 1280 億，再增加了 100 億。同時，巴菲特給股東的信中談到了美國的股債市，他直言，全球債券的投資人，無論是保險公司還是養老基金，都將面臨暗淡的未來。針對美股，他說絕對不要放空的同時又表示現在有很多商業皇帝現在裸泳。言下之意，美股有不少估值被推高的股票，在股市狂歡結束後，終將現出原形。

二〇二〇年三月疫情爆發以來，巴菲特的旗艦公司波克夏先是認賠航空股，再來又是承認二〇一六年收購飛機零件製造商「精密鑄件」（Precision Castparts）時買貴了，讓公司慘賠約 100 億美元。股神一再犯錯，讓不少社群媒體上崛起的投資新秀嘲笑他老人不中用了，已經沒人聽巴菲特說什麼了。

不過，一年一度的巴菲特給股東的信，這次沒有例外，仍是全球媒體和投資人關注的焦點。

二〇二一年第一季，美國國債殖利率狂升，連帶造成科技股大跌，投資人都很想知道巴菲特的看法。

首先，針對債券市場，巴菲特語出驚人的說，在二〇二〇年年底時，十年期美債殖利率為0.93%，比一九八一年時的15.8%收益率大幅下降94%，在日本、德國等地，投資者從數兆美元的主權債務中所獲得的回報竟然為負數。巴菲特說：「全世界的債券投資者：無論是養老基金、保險公司還是退休金基金都將面臨著黯淡的未來。」

債券的價格是用殖利率推算出來的，請記得，殖利率上升代表債券價格下跌，兩者之間呈現反向關係。

美債殖利率開始趨勢向上，巴菲特警告，債券市場將走入空頭。也就是二〇二〇年美國十年期國債殖利率0.5%，到二〇二一年初的0.9%，再到二月的1.6%，美債甚至全球債市走空已成定局。這對手握龐大債券部位的波克夏這類的保險公司和大型養老基金、退休基金都不會是好消息。

但二〇二〇年以來，債市卻出現奇怪的現象，也就是投資等級和非投資等級的債券利差仍在收窄中。例如投資等級的美國國債殖利率不斷狂升，但非投資等級像是高收益債的利率卻仍在下滑。針對這種詭異現象，巴菲特也預警要小心。他認為當前這種情況很像是八〇年代末、九〇年代初，美國的金融危機，當時有逾千間儲貸機構倒閉的儲貸危機（Savings and Loan Crisis）。

當時的背景是美國聯準會大幅升息，導致一些專門吸收投資人存款再做房貸的金融機構大規模虧損。為了挽救這些金融機構，美國政府放開它們投資房產和股票，但不幸的又遇到美國房市大跌。最終導致了上千家金融機構倒閉，迫使聯邦政府拿出等同當時GDP 3%的1500億美元巨資善後。巴菲特說，有些保險公司買進質量低但回報率高的高風險債券，以解決利率不足的問題。這種做法令人擔憂。早在三十年前，有些儲蓄和貸款行業正因如此而陷入萬劫不復的地步。

巴菲特似乎看到了美國將再爆發類似三十年前的儲貸危機，只是這次如果重蹈覆輸，情況會比三十年前嚴重太多。針對美股泡沫化危機，巴菲特似乎就沒有這麼悲觀。他再次告誡投資人千萬不要放空美股，但他也直言現在有不少大型聯合企業把自身的股價推高，而能更有實力收購其它公司。這種華而不實的做法很受華爾街和投資人歡迎，畢竟投資銀行其中可賺取佣收，投資人也可以賺到股票價差。但他示警這類公司最終仍有面臨狂歡結束被打回原形的局面。言下之意，美股一些股價大幅推高，但不具備身價本質的企業現在都在裸泳，等潮水退去後，終將光屁股見人。

二〇二一年二月美債殖利率大幅而且快速上升，代表美債被市場不留情的拋售，連動美股同步下跌，形成股債同步下跌的情況。這真的是全球金融市場泡沫化的跡象嗎？台灣的股民又該如何面臨這可能的巨大危機呢？

美國各天期公債殖利率二〇二一年二月大爆盤，積壓已久的賣壓終於宣洩，債市壓不著的賣壓，使得美國十年期國債殖利率僅一個月的時間就大升了三十四個基本點，創下二〇一六年十一月來最大月度升幅。債券殖利率的狂升代表著債券價格的大跌，連帶影響美股投資人的信心。美國科技股同一時間遇到了強大的賣壓，尖牙股龍頭蘋果股價全月大跌超過8％。這一場美債風暴，將會襲捲全球，成為二〇二一年的灰犀牛？

正所謂，牽一髮動全身。全球金融市場各資產價格之間有著非常微妙的互動和連帶關係，例如被視為風險性資產的股市和被當作非風險性資產的債市，理當是翹翹板的關係。也就是當股市風險上升時，資金會從股市撤出流向債市避險，尤其是投資等級的債券，就好比是信用評等最高等級的美國國債。

相反的，股市行情好時，資金會傾向離開安穩的債市流向股市，以賺取更高的報酬。所以投資組合理論向來強調股債配置，一方面持有債券賺取固定的收益，同時規避股市波動風險；另一方面持有股票以賺取更高的報酬。股票和債券在投資組合的持有占比，可視市場情況和經濟展望進行不同的比例設定。如果兩者在投資組合中占比各半，叫做平衡式的投資策略。

但是二〇二一年二月，這種投資的黃金準則似乎完全失效。不單單美國，全世界同步出現了股債同跌的情況。以台灣為例，加權指數在二月的最後一周大跌了近400點，跌幅達到了2.37%，尤其是二月的最後一個交易日竟然重挫了近500點之多。權值王台積電整個二月的最後一周更是重跌了7%。照理說，加權指連同台積電的大跌，股市資金應該撤往債市，但結果並非如此，台灣十年期公債殖利率二月來也是狂升至0.438，如果從二〇二一年的底點，也是歷史最低的0.24算，台債十年期殖利率也狂升了十九個基本點，短短一個月升幅將近80%。

這種股債雙跌的現象美國最明顯，也是引爆者。二月，美國十年期國債殖利率大升了三十四個基本點，曾經在二月二十五日當天大升超過二十個基本點，一度升破1.6%大關，最終收盤仍衝破1.5%。這種上升的速度和幅度完全超出市場意料。

二〇二一年年初，華爾街預估，年底美國十年期國債殖利率的區間正好是1.5到1.6，沒想到二月還沒過完，就已經達到了這個區間。美債大跌，債市資金奪門而出，科技股也連帶被無情的拋售。尖牙股大跌，特斯拉二月最後一周大跌13.5%，從一月底的歷史最高價900美元跌到了周間盤中最低點619，最深跌幅高達30%，一個月期間，特斯拉市值從超過8000億美元縮水到5600億，灰飛煙滅了2400億美元，等同近7兆台幣的市值。特斯拉跌了入熊市是重大警訊。

除此之外，蘋果股價二月也重挫了8%，市值也減損2000億美元。蘋果股價從二〇二一年高點145美元，三月跌到了121美元，跌幅已達16％。如果再跌，很可能繼特斯拉之後達到進入熊市的20％跌幅的標準。全球股債市同步下跌，這股背後的龐大賣壓到底從何方而來？值得深思。

但很簡單的道理是，全球股債市在超量的貨幣發行下，二〇二一年不約而同來到了歷史的最高點。美國十年期國債利率從去年的歷史最低點0.5左右，上升到二〇二一年初的0.9，進一步升到了1.5，美國科技股為主的那斯達克指數從二〇二〇年底點的6631點漲到二〇二一年最高的14175點，漲幅1.13倍。股債市所吹起的泡沫和蓄積的賣壓，如果一旦同時爆破，造成金融市場的失控，將會是一場巨大的災難。

科技股如果走空，股市多頭行情思危

美國科技股二〇二一年二月中來大幅回跌，尖牙股的領頭羊蘋果股價從當年一月底的最高點145美元，一路跌到二月底，波段跌幅將近二成，幾乎達到了進熊市的標準。

另外一檔眾所矚目的尖牙股特斯拉更是從一月底的歷史最高價900美元，大跌到二月底跌破700美元，也有熊出沒的感覺。這兩檔美股都極具代表，蘋果是美股市值最大的企業，特斯拉是未來趨勢電動車的龍頭。但近期不約而同的同步大跌，似乎暗示美股的牛市即將結束。

本波美股科技股的回跌，市場歸究於二〇二一年以來，美債殖利率大幅上升。以十年債殖利率來看，年初才在0.9附近，但二月底已經來到了將近1.4％。大幅上升超過四十個基本點，以上升幅度來說幾乎達到了50％。除十年期國債殖利率上升外，美國長天期國債二十、三十年期殖利率也都大幅走升。

但短天期二年期國債殖利率卻是原地踏步，這使得殖利率曲線愈來愈陡，隱含著未來的通膨將襲捲而來。由於國債殖利率代表著實際利率，利率上升得愈高就愈不利於成長型和小型股，因為這些股票通常股利殖利率並不高，但相對成長性較大，所以尖牙股在二〇二一年第一季的美債利率上升過程中首當其衝。蘋果、特斯拉就是其中的跌勢最重的重量級股票。科技股下跌、資金撤出轉向工業、能源與金融股，形成了費城半導體指數下跌但道瓊指數創歷史新高的奇特情況。

華爾街形容為再通膨交易，景氣好轉、通貨再膨脹下，傳統產業將受惠，消費者支出增加下，零售業看好，加上拜登政府的擴大基礎建設，周期性股票，例如鋼鐵、能源都將受益。美股二〇二一年二月到三月間處在科技股回跌，周期性股票輪替向上的情況，假設科技股回跌之後能重整旗鼓，與周期性股票產生良性輪動，美股的泡沫能繼續吹下去；相反的，如果科技股形成空頭走勢，持續下跌，走入熊市，終將拖累周期性股票的漲勢，形成惡性循環，那麼美股的超級大泡沫將被猛烈戳破，使得全球經濟與金融面臨另一次巨大災難。

所以二〇二一年觀察重點在於尖牙股蘋果、特斯拉這些二〇二〇年股價高漲的個別股票的價格能否止穩，走出空頭，重新回到上升趨勢。另外的觀察重點在於美國十年期國債殖利率能不能止穩。二〇二一年二月，來勢如破竹持續快速上升的長天期國債殖利率如果進一步上升，將再加重科技股下跌的壓力，華爾街以十年期國債殖利率1.75％為警戒線，這條紅線一旦越過往2％逼進，將造成股市大跌的壓力。

二〇二一年初，華爾街預估美國十年期國債殖利率到年底的目標在1.5％左右，沒想到才過了兩個月，十年債殖利率就從年初的0.9％附近快速上升到1.7％附近，這

圖表 10：美國十年期公債殖利率走勢圖

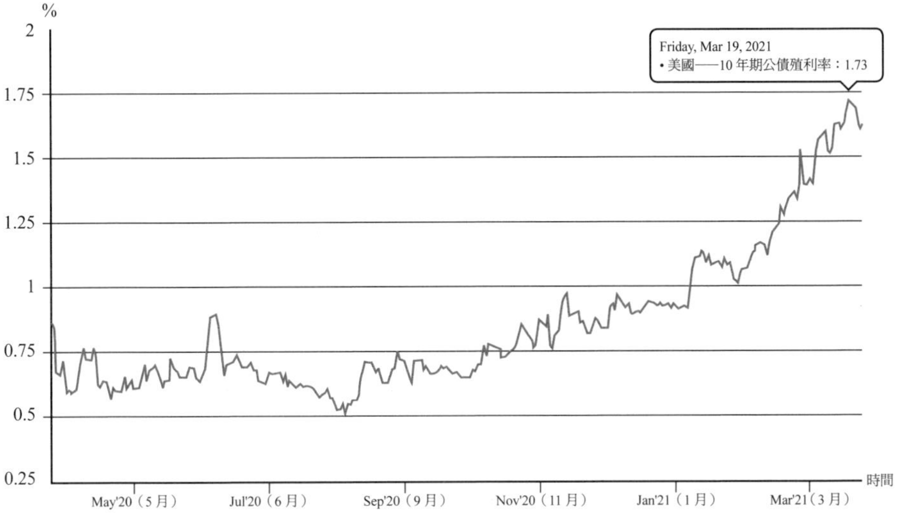

資料來源：Murco Micro　　製表：陳欣兒

麼快速和大幅上升的速度，實在令金融市場吃驚也感到壓力重重。

解鈴還須繫鈴人，美股大泡沫是聯準會、美國財政部和華爾街共同創造出來，當初為了挽救疫情衝擊之下的經濟和金融市場無可厚非，但時至今日已演變成金錢遊戲，泡沫爆破的危機隱然成形。如何消弭這場迫切的危機，就要看聯準會拿出什麼法寶，以及華爾街能否不出亂子，發生多殺多的股市踩踏事件了！

台灣早已有七個縣市人口負成長長達十年以上。台灣的鄰國日本，人口負成長今年已經是第十三個年頭。在社會結構的發展上，台灣與日本竟然有驚人的相同軌跡。台灣會步上日本經濟失落的年代？

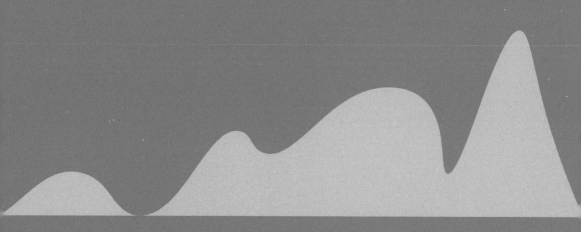

第五章
chapter 05

台灣人口負成長即將到來 房地產還可以投資？

台灣終於躲不過，在二〇二〇年迎來了人口斷崖。根據內政部統計，二〇一九年一到六月，死亡人數比出生數多出近九千人，創下了歷史紀錄。台灣人口的負成長，毫不留情的提早來到。

令人吃驚的是，台灣早已有七個縣市人口負成長長達十年以上。台灣的鄰國日本，人口負成長今年已經是第十三個年頭。在社會結構的發展上，台灣與日本竟然有驚人的相同軌跡。台灣會步上日本經濟失落的年代？

面臨人口結構的惡化，世界各國政府幾乎是束手無策，一旦掉入人口負成長的結構式斷崖也就註定沒有扭轉的機會。既然如此，我們能做的就是認清趨勢，找到個人的因應對策，因為人口斷崖影響所及，大到經濟發展、財富分配，小到涉及個人的置產與就業，都與我們和家人息息相關，如何在關鍵時刻決策就極為重要了。

今年台灣提前迎來了負成長

二〇一九年，台灣險躲過了人口負成長，二〇一八年出生與死亡數相距僅兩千多人，差距創下歷史最小的紀錄。但該來的躲不了，二〇二〇年台灣提前迎來了負成長，上半年出生數79760，死亡數88555，死亡數竟比出生數多出了8795人，差距之大，下半年翻轉無望。台灣人口結構的劣化就此進入拐點。進入負責人口推估的國發會網站，首先看到是台灣人口金字塔將逐年的崩壞，接著就是觸目驚心的一連串數據，包括二〇二〇年人口自然增加率由正轉負，二〇二六年台灣將進入超高齡社會；二〇六五年，六十五歲人口占比將達41％。這些推估無一不是告訴我們，台灣人口

圖表 11：近年出生、死亡人數統計表

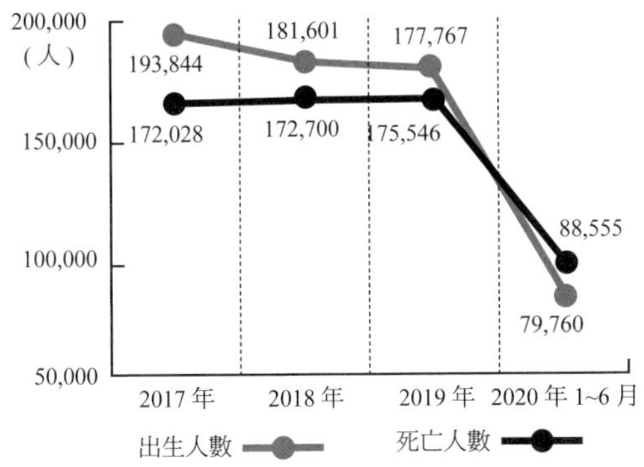

資料來源：自由時報　　製表：陳欣兒

圖表 12：台灣人口變化關鍵時間

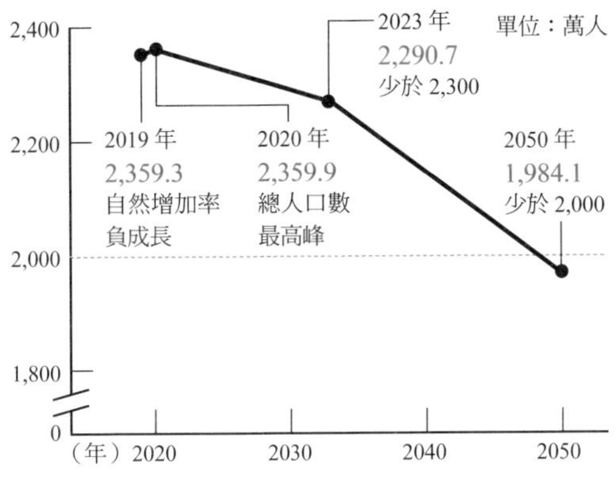

資料來源：經濟日報　　製表：陳欣兒

紅利即將在二〇二七年消失，準備進入類似日本經濟失落的年代。

九〇年代，日本不可一世，號稱 Japan No.1，一九八九年日本揮別昭和進入平成，當年，日本經濟迎來最高峰，沈醉在日本第一美夢中的日人絲毫未察覺，忘形到直至股匯房三市同時大爆破，日本人才驚覺大事不妙。要命的是，泡沫太大，一旦爆破後無法扭轉，再加上人口紅利進入了末日餘暉，兩者互交影響下，日本此後一蹶不

圖表 13：台灣 2000 年以來的生育率逐年降低

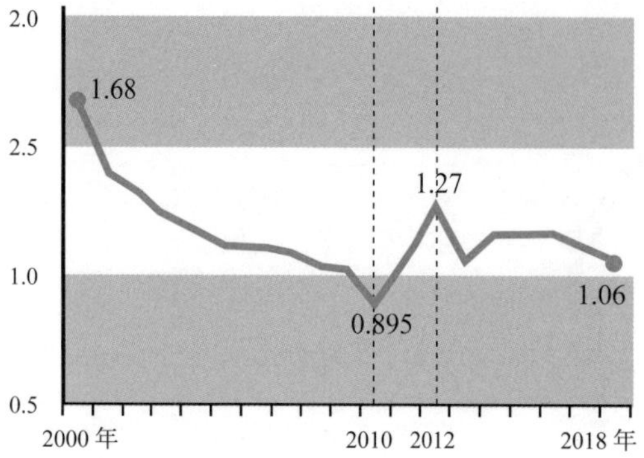

資料來源：聯合報　製表：陳欣兒

圖表 14：瑞典、德國、台灣生育率走勢，台灣不斷下降

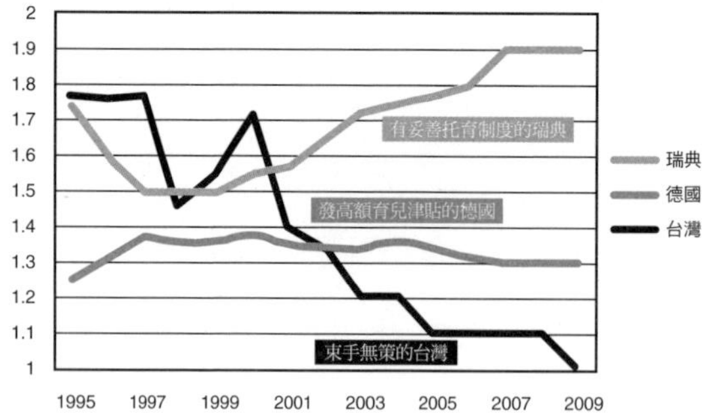

資料來源：美國人口資料局　製表：陳欣兒

圖表 15：台灣經濟成長率

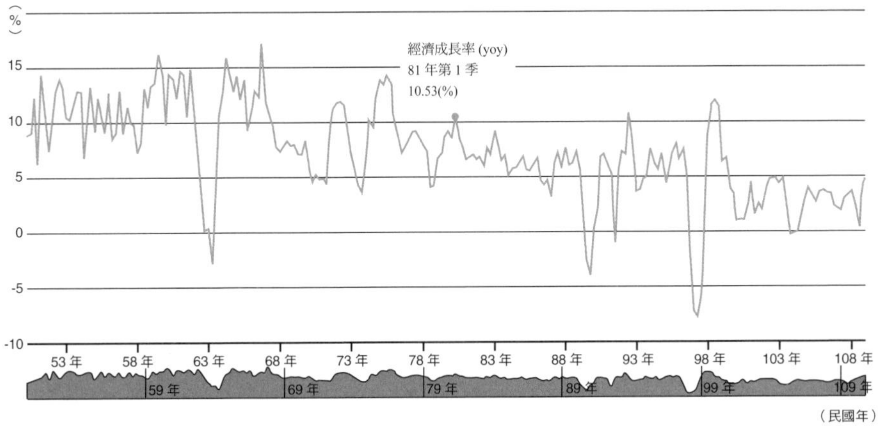

資療來源：中華民國主計總處　　製表：陳欣兒

振，落入了所謂的平成不況。

日本在二〇〇八年進入人口負成長，此後無法扭轉，人口倒退至今已十三年。日本政府預估二〇四〇年後，日本人口數將跌破 1 億，並於二一〇〇年減至不到 5000 萬人的可怕數字。如果台灣社會的發展軌跡如同日本，現在就可以說台灣人口持續負成長已成定局，人口拐點就在二〇二〇年。根據國發會推估，到二〇五〇年，台灣總人口數會不到 2000 萬人，只剩下 1984 萬。

台灣人口負成長，最主要是出生率太低。二〇一九年僅只有 1.06，換句話說就是每個婦女一生只生 1.06 個小孩，因為

圖表 16：2020 第 3、4 季大幅成長

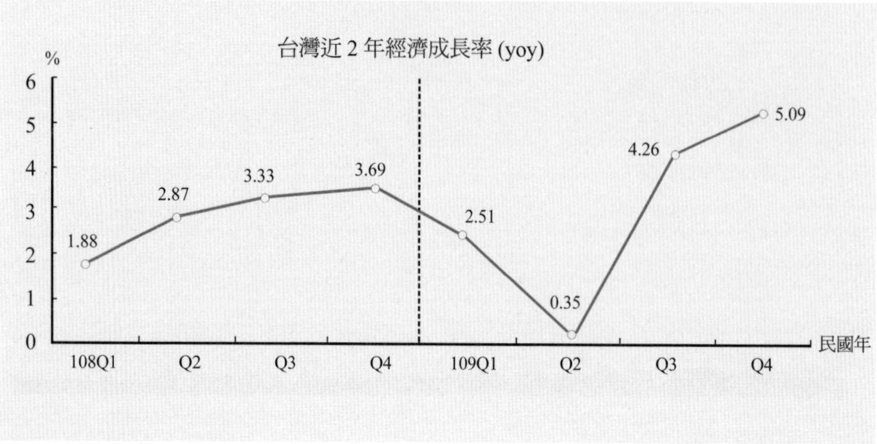

資療來源：中華民國主計總處　製表：陳美萍

男人能不生，如此之下，人口不倒退魯才怪。要達到世代交替水平，生育率必須達2.1，台灣相較之下，真的是低的可以。更麻煩的是，台灣生育率在二〇一〇年還曾一度破1，之後雖略有提高，但仍出現無力上升、反而下滑的現象。相較日本、德國、瑞典，台灣生育率更低，這張圖是國發會推估台灣生育率未來長期會維持在1.5，以目前情況來看，1.5可能太過樂觀。

人口負成長對經濟影響巨大，日本大泡沫前的一九八九年，當時經濟成長增速還有6％以上，之後就持續下滑，直到二〇〇八年人口負成長與次貸風暴同時發生的那一年，日本經濟快速而且大幅下滑，產生崩壞式影響，至此之

後，經濟就只能頂多1％到2％的小幅增長，沒能再明顯增長過。

人口的老化和出生率的下降，對經濟會造成長期的負面影響。台灣經濟從九〇年代來緩步下滑，不能排除人口結構的負面影響。二〇二〇年上半年，台灣人口見到負成長，GDP也在疫情的夾攻下，第二季跌到谷底。如果台日經濟發展的長期軌跡相同，台灣經濟應該也很難回頭了，再也難見到長期維持在5％以上的增長榮景。

經濟不成長代表所得增加有限，每個人的支出隨著物價增長而增加，也就等於口袋愈來愈緊，再加上人口結構的劣化，撫養比的惡化，每個青壯年要撫養的老人與小孩，相形之下負擔也就愈大。一方面青壯人口數的持續下降，並老化推移到成為高齡人口，最終台灣的撫養比會超過1比1，也就是一個青壯齡要養超過一個老人或小孩，屆時各種財務壓力會更大，這也現在20～30歲的族群最大的危機意識，也直接導致了年青人不婚不生的社會現況，也成為人口結構惡化交互影響因素。

人口減少對日本的房地產造成了重大影響，那台灣呢？

二〇一九年是日本連續第十三年人口減少，雖然當前人口數仍高達1.26億，但人口減少的速度及老化的程度都讓日本政府傷透腦筋，更麻煩的是，無論日本內閣採取什麼對策因應人口結構劣化問題，但都像一顆石頭丟到海裡幾乎激不起任何反應。日本政府憂慮的預估，趨勢不變下，二一〇〇年，全日人口將減少到不到 5000 萬，更可怕的是，到時候 65 歲以上的老人，將占 40％的人口總數。滿街白髮恐怕是未來的景象。

來到日本人口減少最嚴重的四國，竟然出現了人口外移、凋零的稻草人村。這座位德島的奧祖谷稻草人村，全村剩下三十幾個居民，但卻有三百多個稻草人相伴。一進村四處可見處於各種生活狀況下的稻草人。這些稻草人都是出自這位叫綾野月美之手。她有感於村子人口愈來愈少，就開始製作稻草人相伴，隨著村子人口愈來愈少，稻草人也就愈來愈多，多到引起媒體報導而轟動一時。

四國是日本四大島之一，隔著瀨戶內海與本州廣島、岡山與大阪等地相對。一九八五年，四國人口高峰時有 422 萬，二〇一七年減少到 379 萬，其中四國四縣之一的高知縣裡的大川村，一九六〇年有 4100 多人，二〇一五年只剩不到 400 人。

日本不動產鑑價公司 TOKYO KANTEI 調查，沿著瀨戶內海的廣島、香川、山口

圖表 17：人口數開始出現負成長的縣市

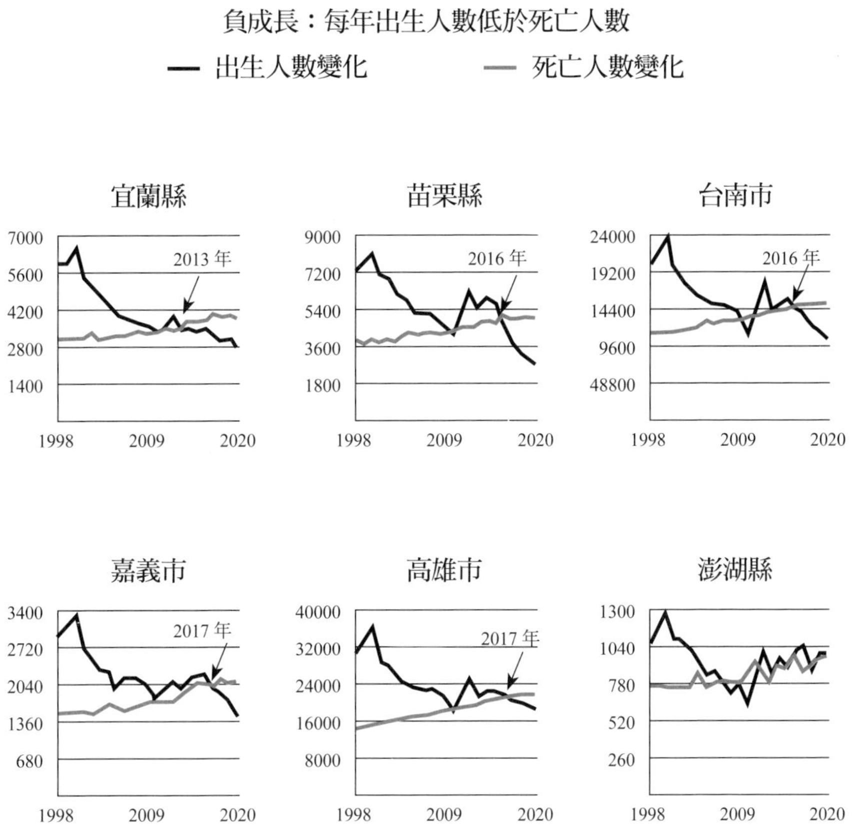

資料來源：關鍵評論　　製表：陳欣兒

與德島等四縣，二〇一八年房價都下跌，其中廣島和山口連所得都下滑，這四縣的房價所得比約在五～六倍，比起東京都會圈動輒十～十三倍，真是便宜許多，但仍引不起外來人口的移入。

回到台灣，人口情況一樣也不樂觀。國發會推估，到二〇六五年，65歲以上老年將增加到超過700萬人，占比一樣達到40％以上。到時候，台灣總人口會從現在的2300萬人減少到1700萬，「老掉牙」就是台灣未來的景象。時間不等人，台灣老化及人口減少已經是現在式，不是未來式。早已經有十個縣市人口減少超過十年，這些地方包括了花東、嘉義縣、南投縣、雲林縣、南投縣及基隆市。人口開始負成長的縣市，也有宜蘭縣等六個地方。巧合的是，跟日本相同，這些地方房價所得比相對較低，相較人口增加的台北市、新竹市、台中市動輒超過十倍，人口減少縣市僅五～六倍，但同樣也引不來外來人口進駐。

探究最主要原因，台日相同，就是房價雖然便宜，但沒有工作機會與生活機能，房價所得比再低也白搭，年青人還是得到都會區工作，剩下來的就只有走不了的老弱。

村鎮人口外流嚴重，國發會甚至估計，台灣未來會有三分之一鄉鎮有滅鎮的危機，這些方地占全台面積達到66％，但人口只占11％。這些地方到二〇五〇年，最嚴重的人口可能減少50％，輕微的也會減少三成以上。說不定，台灣會繼日本之後出現稻草人村也說不定。

房子畢竟是給人住的，如果完全沒了住的需求，投資需求不可能發生，人口外流與減少地區房地產價格長期是堪虞的。例如，台南左鎮二〇一八年僅有十二個小baby出生，但卻走了77人。新北市的平溪以天燈出名，但卻是台灣最快凋的零地方。

台灣的房市就跟人口減少一樣，回不去了

此外，整體人口減少，台灣房屋的買賣移轉也在減少，近十年從高峰的一年40萬戶，減少到二〇一六年的不到二十五萬戶。二〇一七～一九年雖然有回升，但要回到40萬的數字恐怕是不容易了。換句話說，台灣房市的盛況已過，都會區也許還有一定的價格支撐及住的相當需求，但非都會區長期前景就不甚樂觀。台灣的房市就跟人口減少一樣，是回不去了。

比薪水網站發布全台薪資排名，不意外的，新竹拔得頭籌，但引起眾議的是，排名第二的竟然是苗栗，擠下台北與新北兩都。盡管比薪水的統計數據未盡全面客觀，統計樣本數也不夠大，但仍值得我們深入探討調查背後所呈現的現象是什麼。

俗話說，男怕入錯行，女怕嫁錯郎。這句話雖然有點封建，但選擇職業與成家的對象，對人的一生還真的挺重要的。做什麼工作與收入絕對有關，同時產業的興不興旺和有沒有未來性，也決定了產業聚落所在的人口結構，甚至決定了房價的走向。

二〇二〇年，比薪水網站針對全台薪資情況進行排名，數據來源是網站的自主性薪資回報資料庫。結果平均薪資40586元，比政府機構調查的來得略低。薪資最高的前三名依序是新竹、苗栗與台北。說到新竹排行老大令人毫不意外，新竹高科技產業發展興旺，尤其是近年最旺的半導體產業，新竹是重點聚落地區。財政部發布的最新綜所稅資料，新竹市東區的關新里就以中位數所得259.6萬登頂，成為全台近八千個村里中最富里。令人驚嘆不止於此，全台前二十個最富里，新竹縣市就占了十七個，占比達到85％。

新竹人富得出油，全拜半導體等科技產業的發展，工作機會與所得提升，直接帶動人口流入。二〇一九年新竹縣人口遷入6250人，在縣市組排名第一，新竹縣平均年齡不到40歲，也僅次新竹市排名第二。統計二〇二〇年前五個月，新竹縣的社會增加率又拿下的第一，增幅高達4.5％。新竹縣市集三千寵愛於一身，不就是高富帥的化身嗎。

相對新竹市、新竹縣與桃園市是全台最年輕的地方，嘉義縣、南投縣與雲林縣的老化指數都超過150％，甚至突破200％，人口結構真的天差地遠。

一個台灣，兩個世界

一個台灣兩個世界又來了。人口結構劣化也不是一定不能翻轉，但要全面翻轉就非常困難。最好的例子就出現在與新竹一線之隔的苗栗。苗栗過去給人的印象就是農業縣，山多人、人口外移。但比薪水網站的數據發布卻令人眼睛一亮，原來是近年來新竹科技產業外溢現象，苗栗近水樓台，竹南、銅鑼也相繼發展的科技園區，封測業的京元電在這兩處地方就有五千多名員工，長春石化在苗栗也有兩千多人，這些企業的平均薪資4萬元跑不掉，直接拉高了苗栗的所得。

以竹南為例，都市化程度是全苗最高，老化程度也最低。相對老化程度全苗最嚴重的獅潭，又是一個苗栗兩個世界。獅潭的老年人口占比是竹南的一倍之多。拿出竹南與獅潭的人口金字塔圖比一比，可以明顯發現，竹南35-39歲的青壯人口特別多，相對獅潭50-65歲的人口急增，形成鮮明的對比。獅潭不但嚴重老化，人口還一直減少，這個苗栗最內陸的地方，未來的發展令人擔心，如果找不到產業的新發展，凋零可能是宿命。

醫護產業是正向發展的產業

台灣的未來雖然有著明顯的趨勢和方向，但我們個人還是可以決定在大趨勢下的命運。高齡化下，台灣經常性薪資去年成長第二名是醫護產業，這個產業工作機會多，經常性缺人，所以平均薪資持續增加，是正向發展的產業。

如果就經常性薪資排名，電力油氣、金融、通訊、醫護與科技產業是台灣五大金礦產業，它們的產業趨勢走在台灣經濟發展的風頭上，是台灣在人口結構受到重大挑戰下具有一定未來潛力的產業。如何順應趨勢，找個人的價值與發展方向，決定的關鍵力量還在你我身上。

要不要買房要想清楚

二〇二〇年底，中央銀行祭出四項針對房地產的信用管制措施，號稱史上最嚴厲的打房手段，消息一出，房價還沒下降，股價立刻大跌。隔日上市營建指數重挫2.8%，豪宅代表股冠德建設爆出大跌殺到跌停，營建股支支倒地，在十二月八日加權指數再創歷史新高，盤面一片紅通通下，只有營建股一片綠油油，顯示相當突兀。央行的目的當然是要冷卻房市而不是重擊股市，只是房市能否冷卻就得看後續市場的反應了。不過根據過往經驗，只要房市不冷卻，恐怕央行後面還有更辣的手段。

這次的打房是央行繼二〇一〇到二〇一四年前一波打房後，時隔十年再一次針對房地產市場出重手。

與前一次不同的是，這一次的四項打房措施是全面的信用管制，不像上次是逐步分區採取信用管制，而且這一次增加了餘屋信用管制，直接打到了建商未出售的餘屋，目的在逼迫建商加速去化。

這次一次到位買賣雙方都打的作法相當辣，難怪有人以地產的原子彈形容這次央行的出手。

不過，嚴厲雖嚴厲，正所謂上有政策、下有對策，再加上目前熱錢極為充沛，股市又居高不下，房市能否立刻冷卻，不無疑問。

以前一次的經驗，房價在央行打房初期時並未受到太大的影響，當時央行總裁彭淮南分次出手，二〇〇九年先是約集銀行道德勸說，二〇一〇年六月與十二月分兩次出手設定區域進行房貸信用管制，二〇一二年再針對豪宅出手，但這段期間雙北房價仍持續上揚，央行眼見數次出手但房價仍發燒向上；直到二〇一四年，央行又再出手採取了針對了新北四區與桃園第二戶貸款成數限制，與全國不分區第三戶貸款成數限制。結果當年正巧也是房價前一波最高峰的時間，隨後房價的下滑，不知道是房市大循環的結果，還是央行打房奏效，這就很難說清了。

所以可以預料的，只要政府出手抑制房市，不達目的是不會停止，可以預見如果這次出重手效果不大，後面一定會有辣招。

例如金管會已經表態，不排除對不動產祭出集中度管理措施。以專案金檢方式鎖定十家銀行，金檢重點包括餘屋貸款、投資客與豪宅貸款、土建融等三大項，預計二〇二一年三月底前完成專案金檢，直接對銀行施壓。

另外，金管會管控房市資金源頭，也就是針對銀行體系的辣招還有不少。

好比銀行界在討論的住宅貸款提計資本新規，也就是不動產風險權數的計算變革，以目前銀行適用的規定，不動產風險權數一般的比率以自用35％、非自用75％計算。

對銀行而言，風險權數愈低，計算出資本適足率就愈高，銀行資本成本相對就降低，可以減少增資壓力，也可以增加可放款的總額，對銀行有不小的誘因。

金管會規劃讓銀行採用的新規範接軌國際，風險權數計算採取分級制。以自用住宅為例，貸款成數愈高，風險權數愈高，例如貸款成數達到八成以上的風險權數會達到40％，也就是會超過現行標準的35％，這對銀行整體資金運用而言是不利的。也就是這項新規實施之後，銀行從自身經營的角度考量，自然會減少高成數房貸的施作，等於拿著胡蘿蔔讓銀行減少承做高成數的房貸案，所以預估未來想跟銀行借到自用八成以上房貸，非自用借六成以上會很困難。這樣多少可再抑制高成數房貸的投資行為。

不過事情是一體兩面的，新制實施後，相對整體銀行業會增加出超過2兆的放款餘額，對銀行也有不錯的利基。棒子與胡蘿蔔，看來政府澆熄房市的這把火，後面的方法還很多。

做屋奴的時間要長一點或短一點？

房貸期數歷史新高，購屋族平均要二十二年才能還清貸款，買房養房要占據了人生四分之一的時光，讓許多人不禁要大嘆台灣住大不易。以目前的經濟與金融環境到底要不要買房？買了房是借二十年的貸款還是三十年，做屋奴的時間要長一點還是短一點？

買房是人生大事，多數人為求生活安定，會考慮買房自住，但台灣房價愈來愈高，買房的資金壓力也愈來愈大。

聯徵中心的統計，二〇二〇年第四季房貸的新增樣本數 4.39 萬件，是近五年的單季新高，平均房屋的鑑估價 1122.6 萬元，代表平均房價也創下新高，購買千萬宅，對於購屋人來說，已經是一般的水準。房價居高不下，買房絕大多數人都得貸款，少有人能拿出一大筆現金購屋。聯徵中心數據也顯示，二〇二〇年第四季的核貸成數也達到 7.25 成，貸款成數也明顯高於二〇一五與二〇一六年。

無獨有偶的，內政部統計，二〇二一年首季新增購置住宅貸款平均期數達 269 期，等於購屋族平均要二十二．四年才還清房貸，平均房貸期數創下歷史新高。

進一步觀察六都平均房屋貸款期數，高雄市平均貸款期數278期最高，台南277期居次，等於二十三年才能繳清房貸；雙北的新北市274期，台北市平均貸款期數262期，相對期數較少。貸款期數創新高，貸款成數也拉高，不一定代表購屋族的財力愈來愈差，它所反映的是利率下降，而且升息無望，購屋族傾向拉長還款期數，以時間換取空間。

畢竟房價愈來愈高，過去主流的二十年期房貸方案外，銀行也推出三十年甚至四十年的房貸，使部份購屋者轉向更長期數的房貸。房貸期數拉長，購屋族得注意的是還銀行的利息也會增加。

經過試算，以千萬房貸，中華郵政年息1.39%不變下，二十年與三十年房貸，本息平均攤還下總繳利息會差到85萬，本金平均攤還方案下會差75萬。所以拉長還款期的代價就是得多付利息，但若考量通膨對貨幣價值的減損，也未必會吃虧。

另外，貸款期數條件相同下，本息平均攤還會比本金平均攤還最終付給銀行的本利會來得多。例如前面的試算，二十年房貸本息平均攤還會多付5萬，三十年會多付15萬。所謂本息均攤是每月繳款金額都一樣，扣除利息後就是償還本金，所以每月償還本金額不相等。

而本金均攤是每月償還的本金都一樣，而利息因為貸款餘額每月不同，所以利息每月都不一樣，造成每月的繳款金額也都不一樣，第一期的月繳款金額最高，最後一期最低。一般辦房貸時，銀行不太會主動告知這兩種方式的差異，會傾向直接給貸款者本息均攤，因為可以利息多收白不收，至於購屋者明白後，就可以選擇自己想要的方案了。

從種種跡象研判，台幣長達五年來的強升，二〇二一年非常可能終結。換句話說，全球可能要再次面對強勢美元時代來臨！

同樣的，如果美元不轉強，全球從美股撤出的資金不會更龐大？更猛烈？為保住美元資產價值，美國沒有選擇，只能讓美元走強。

第六章
chapter 06

二〇二一年
強勢美元當道
金價走入空頭

強勢美元再來

從種種跡象研判，台幣長達五年來的強升，二〇二一年非常可能終結。換句話說，全球可能要再次面對強勢美元時代來臨！

匯率牽涉層面很廣，對個人主要的影響是理財投資方向的調整，對社會最大的影響就是進口物價的變動，各行各業的成本都將因美元匯價趨勢的改變而有明顯的變化。

如果台幣升，美元貶的趨勢確定告終，我們應該做什麼來因應呢？

二〇一六年二月台幣兌美元終結了從二〇一五年四月開始的貶值走勢，不再破底後，台幣至此從 33.8 兌 1 美元展開了長達五年的升值走勢。到二〇二一年的三月三號台幣收盤價 27.76，五年來台幣兌美元的升值幅度達到將近 18%。

向來跟台幣呈現正相關的台股，加權指數也從二〇一五年八月的 7203 最低點，向上展開了長達五年多來大牛市行情，漲到二〇二一年二月的盤中最高點 16579，漲幅達到了 1.3 倍。如果台幣升值的長多行情結束，無疑的，台股的長多行情也將受到考驗。

再高的樹也不會長到天上，強弩也有落地之時。從宏觀情勢研判，美元非常可能再次中長期轉強，進而迫使台幣走貶，也就是強勢美元主導全球金融市場和經濟的時代可能再次來臨。

二〇二一年，央行力守台幣匯價，全年買匯金額高達 391 億美元。所謂買匯也就是買入美元同時向市場供給台幣，央行強力干預匯市下，台幣二〇二〇年兌美元仍大升了 5.6%，創下近三年來最大升幅。台幣會如此的強升，當然是因為美元太弱。美元指數從二〇二〇年三月的 102 點附近一路走貶到年底的 89 點，大貶超過一成，推高全球的非美貨幣。

二〇二〇年美元走貶是因為美國聯準會大撒幣大開資金水龍頭，但二〇二一年美國經濟將回到正軌，預期通膨的心理高漲，此時此刻，聯準會要考慮的是如何讓過剩的資金退場，逐步關上水龍頭，所以美元走貶、資金超級寬鬆的階段性任務已經結束。

然而，央行大力干預台幣匯率的後果是很可能被美國列為匯率操縱國，但是央行總裁楊金龍認為列入匯率操縱國黑名單並不會有立即的影響，而且還說台幣的供給和需求接近平衡。楊金龍這一番的表態和老神在在的態度，似乎胸有成竹台幣今年已經不可能再強升下去。

從聯準會和央行的立場思考，就不難理解超量美元資金派對今年結束的可能。我認為，美元轉強是必然的，只是時間點和強勢的周期長短無法確定。理由有三大點：

第一、從美元資產價資值來看，美元都不可能無限期的走弱下去；

第二、通膨上升需要美元轉強壓制；

第三、美國經濟回歸增長，就業市場大幅好轉，美元基本面看好。

不過美國仍有嚴重的雙赤問題，也就是貿易赤字和政府預算赤字，美元再強也只是為經濟和資本市場服務，並不是本質上的好轉。

我關注的這三點，其中第一點最重要。所謂美元資產最主要就是美股、美債和美國房地產。美國是全球最大的資本市場，美股總市值40兆美元，占全球股市市值的四成。全球流通債券市值至少120兆美元，規模比全球股市市值100兆還大，其中美債市值占比超過三成。無論是美債、美股和美國房地產都是用美元計價的資產，所以美元強或弱當然就直接關係著三個巨大的資產池的價值。

二〇二〇年美股、美債和美國房地產大漲，雖然美元弱勢，但國際上美元資產的持有者不會感到壓力，畢竟資本利得遠遠超過匯率的減損。但時至今日，情況就不同了，雖然美股仍未見到泡沫破滅，但美債殖利率的強升，已經引發國際上美債持有者的緊張。

例如iShare 20期美國政府債券ETF，它的交易代號是TLT.US，二〇二一年來已經跌掉了超過一成。二〇二一年初，TLT還有157美元，短短不到三個月，它就跌到了135美元，跌幅達到14%。更何況二〇二〇年八月，TLT是172美元，如果從那時算跌幅就可觀，達到了兩成。

TLT的市值規模超過150億美元，眾多的國際投資人看到自已手上原本就配置在穩定基礎上的債券ETF這樣的大跌，難道不緊張？如果此時此刻美元還一直走貶，難道不會加重各類美債投資工具的拋售壓力？

如今，美債殖利率上升已成了必然的方向，也就是美債的價格將進一步下降，唯一能穩住國際資本的只剩下美元轉強了。明眼人都看得出美股已有泡沫跡象，尤其是科技股從二〇二一年二月開始的大跌，特斯拉神話的破滅；同樣的，如果美元不轉強，全球從美股撤出的資金不會更龐大？更猛烈？為保住美元資產價值，美國沒有選擇，只能讓美元走強。

全球資金回流美國！新興市場首當其衝？

超發貨幣和海量的資金，終將要回收，否則一旦經濟回歸正軌，過剩的資金將如同洪水般衝向各種資產造成物價全面上漲的惡性通貨膨脹。這個道理沒有人比美國聯準會更清楚。

二〇〇八年次級房貸風暴造成美國經濟和金融市場崩潰，聯準會二〇〇八年底開始實施QE（量化放鬆：較低利率和增加貨幣供應的經濟貨幣政策）。經過四年多的多輪QE後，美國經濟好轉向上，聯準會二〇一三年中預告QE退場，當時稱之為

QE Taper，當年底十二月聯準會正式縮減購債規模。隨著ＱＥ退場，美元二〇一四年大幅升值，同時壓低了走高的國際油價和美債殖利率，降低了通膨和穩住美債資產價值。然而，新興市場股市二〇一三年的大跌，正是美元轉強的犧牲品。

「美元，我們的貨幣，你們的問題！」這句話是一九七一年當時美國財政部長康納利說出的名言。一語道破美元的霸權地位。

二〇二〇年新冠疫情襲捲全球，美股三月急崩，美國聯準會宣布無限量ＱＥ救市，美元指數從當年三月的102點崩貶到年底跌破90點，幅度達到一成。超發的貨幣和就業情況的改善，引發通膨再起的疑慮，美債殖利率二〇二一年二月急升，同時國際原油價格漲到了兩年來新高，布倫特期貨每桶漲升到70美元，預期通膨的壓力一波波衝擊美國科技股，造成那斯達克和費城半導體指數雙雙調頭向下。

華爾街甚至估算二〇二一年夏天美國通膨率從２％到４％不等，預估聯準會將會被迫在第三季表態再次QE Taper。所謂QE Taper就是ＱＥ漸次的退出，也就是縮減寬鬆到回收資金，目的在經濟回歸常軌後，過剩的資金也能退場，免得熱錢生亂。

以歷史為師，二〇〇八年十二月聯準會宣布執行ＱＥ，當時爆發次貸風暴，搞倒了華爾街大的投資機構，美股和美國房市崩跌，聯準會不得不出手救市。隨後經過三輪QE，美國就業市場大幅改善，時任聯準會主席柏南克在二〇一三年三月表態QE Taper，讓市場有心理準備後，當年底十二月正式執行縮減購債規模。

二〇〇八年次貸風暴、二〇二〇年新冠疫情，前後兩次聯準會扮演救市主，背景因素不同，但結果相同，最終過剩的資金還是要回收。二〇一三年美國的處境如今看來似曾相識，同樣的QE準備退場，同樣的油價高漲和通膨上升，以及國債殖利率急升。二〇一三年三月柏南克表態QE Taper後，美債殖利率急噴，從當年四月的1.66%，七月就見到了2.76%，短短數月上升100個基點，殖利率急升代表債券價格大跌，美債投資人亂了手腳，市場恐慌氣氛也同步直線上升。

美國十年期國債殖利率最劇烈上升的時間點出現在正式縮減購債前，等到二〇一三年底正式縮減購債規模，十年期國債殖利率曾上到3%左右就無力再升。二〇一四年五月美元轉強，出現急升初期，美債殖利率就跌破頭部頸線，並且在隔年二〇一五年一月跌回了起漲點。

反觀美元，聯準會縮減購債規模後半年展開了多頭主升段行情，從二〇一四年五月到二〇一五年二月，美元指數從80點升到了98點，升足升滿了兩成的幅度。王者歸來，美元回復全球最強貨幣地位，全球兩大指標油價之一的美國西德州輕甜原油期貨價格從二〇一四年六月每桶 104 美元開始，崩跌到二〇一六年一月33美元才見底，每桶原油價格跌掉了將近70％。

美元、美債、美股和油價所彰顯的通膨，這四者之間有著密切的關聯，它們背後都有龐大的利益集團和操控者，但最終都要達到利益的平衡，才能使這個地球運轉下去。如果歷史真的可為師，如今美債殖利率急升昭告的是聯準會後面將有大動作，等聯準會行動後，我們將會再看見美元的多頭行情啟動，伴隨著是美債殖利率向下大跌，以及油價的崩跌，但在此之前美債和油價仍將一空一多反向行進一段時間，但它們最終還是躲不過美元的宰制。是不是如此？就讓我們拭目以待吧！

新興市場三大央行齊升息開第一槍！擋得住襲捲而來的美元危機？

正當全球世人目光全部集中在美國聯準會公開市場操作委員的二〇二一年三月議息會議之際，巴西央行、土耳其央行和俄羅斯央行在同一周接續升息，開出新興市場升息大浪的第一槍。值此同時，新台幣二〇二一年第三周連五日走貶，單周貶幅達到1%，強勢的台幣不尋常的明顯走弱。這些罕見的訊號，同步指向美元危機將衝擊新興市場，對物價敏感的國家已經在提前防範熱錢撤出、同步物價大漲的超級通脹危機。

如果講超級通貨膨脹危機，台灣人也許沒有感受，雖然近月來物價明顯上升，雞肉價格漲到七十八個月新高，但多數人可能覺得還好。

可是巴西、土耳其和俄羅斯這些國家就完全不是這麼一回事。巴西二〇二〇年食物價格大漲了7.3%，白米全年漲了41%、牛奶30%和番茄26%，加上疫情嚴重，生活在低層的民眾根本是苦不堪言。二〇二一年二月，巴西的通膨率上升到5.2%，是半年前的兩倍，逼得巴西央行不得不大幅升3碼。

所謂碼，是金融用語，1碼等於0.25個百分點，也等於25個基本點，3碼就是0.75個百分點，巴西央行升息把利率從2％直接拉升到2.75％，同時宣布五月還會再升3碼，等於宣告全球，巴西至此展開升息循環。巴西央行宣布升息立刻刺激巴西里拉升值，升息前一周里拉強升了2.17％，升息同一週里拉再升了1.4％，暫時穩住了原本搖搖欲墜的匯價。

巴西升息隔日，土其耳央行更猛，一口氣升息8碼，也就是2個百分點，把基準利率拉升到19％，土耳其里拉同日大升近2％。如果講通膨嚴重，巴西在土耳其面前還是小弟，土耳其二月通膨率高達16％，所以就算名目利率拉升到19％，錢存在土耳其銀行裡，實質利率就只有3％。所謂實際利率是名目利率減去通膨率，19減去16等於3，所以小學生都知道，土耳其銀行高達19％的利息根本是中看不中用。

土耳其央行決定升息後，沒想到是土耳其統總艾爾多安直接把央行總裁給fire了。土耳其央行總裁阿格巴爾二〇二〇年才從財政部長轉任央行總裁，新官上任三把火，阿格巴爾二〇二〇年十一月決定升息4.75個百分點，也就是19碼，把利率從10.25％拉到15％，隨後又在同年十二月再次升2個百分點，再把基準利率拉到17％，前兩次升息，艾爾多安都忍住不發做，但這次總統大人再也忍不住了，直接開除央行總裁。其實升不升息，土耳其人民的苦日子根本是沒完沒了。

無獨有偶的，根本是接二連三，俄羅斯央行在土耳其央行升息隔日立馬宣布升息1碼，基準利率調升到4.5％，理由無它，一樣是通膨升溫。就在新興市場三大央行連珠砲式的升息同時，正如我之前所講的台幣很可能結束五年的長多行情，同一周，台幣連五日貶值，全周貶了2.76角，貶幅0.98％，市場似乎已經開始接受美元將走強的氛圍。

巴西等新興市場國家央行急忙升息無非也是感受美元轉強的情勢，美元一旦轉強，巴西、南非、土其耳、俄羅斯連同部份東協國家，原本已經升高的商品價格，將面對熱錢撤出，物價上升的通膨壓力，一場美元危機即將而來。

以巴西而言，二〇一三年美國結束寬鬆，預告QE Taper，到二〇一四年美元轉強升值，巴西里拉從二〇一三年十月的2.1469兌1美元，貶到二〇一五年九月最低曾見到4.2474，貶幅高達97％。巴西里拉去年五月兌美元曾貶到歷史新低5.97，後來在年底見到回升，但今年三月又最低貶到5.87，差一點要再創歷史新低之際，巴西央行終於出手挽救匯市並企圖阻止通膨進一步上升，市場預期下一個升息的國家就是南非。

以目前美國的情勢看來是顧不了後花園的南美國家，更何況遠在天邊的南非諸國，一場新興市場的美元危機恐怕是方興未艾。

通膨來襲！防範安屎之亂再來

行政院主計總處發布二〇二一年二月消費者物價指數飆升到二〇二一年來新高，雞蛋、雞肉和蒜頭都大漲。雖然主計總處滅火說不要擔心物價上漲、不會有全面通貨膨脹，但民眾有感的是民生物資愈來愈貴。國際原物料大漲，95無鉛汽油漲到每公升27元之上，比起二〇二〇年負油價的不到19元，足足漲升了40％。台灣大量進口國際原物料，二月進口物價指數剔除匯率因素年比大漲了5.81％，好在的是台幣強勢抵消了不少進口物價上升的壓力。但未來如果台幣走貶，民生物價會不會漲的更兇，類似二〇一八年國際紙漿價格大漲引發的安屎之亂不可不防。

二〇一八年國際紙漿價格大漲，長短纖漿價同步飆升。大潤發開出第一槍，發佈新聞稿宣布衛生紙漲價，漲幅最高達到30％。引發民眾緊張情緒，紛紛到大賣場搶購囤積衛生紙，一場衛生紙之亂爆發，網友甚至戲稱為安屎之亂。最後公平會立案調查，對大潤發開出了350萬的罰單。

持平而論，家庭用紙最主要的面紙、衛生紙製成所使用的原物料長短纖紙漿當時確實漲幅很大。北美長纖紙漿從二〇一六年的每公噸600多美元，二〇一八年漲到900美元，漲幅達到將近五成。消費品通路和製造商反應成本上升漲價也無可厚非，只是錯在處理的方法不當，引發社會驚恐。

主計總處針對二〇二一年二月消費物價指數上升到一年來新高迅速出來滅火，無非也是要平息物價上漲的預期心理。但實際上，民眾對物價的漲升是很有感的，恐怕也不是主計總處一句不要擔心能安撫的。首先，二月物價指數1.37%扣除季節因素的蔬果和能源後的核心物價指數甚至升到了1.67%，雙創一年來新高。其中雞肉價格大漲6.64%創下七十八個月新高，雞蛋價格也同步漲了5.86%。雞蛋大台北地區的批發價格從二〇二〇年七月的每台斤30元漲到了二〇二一年三月的39元，漲幅高達三成。

另外有感的是加油。二〇二〇年四月95無鉛跌到每公升18.8元，二〇二一年三月漲到27.2元，漲幅超過四成。眾所周知，台灣缺乏天然資源，少數能自給自足的民生物資大概只有稻米了，偏偏稻米的食用量下降，取而代之是滿街的麵包店和漢堡店。

即然樣樣靠進口，台幣匯率就很關鍵。美元弱勢下，台幣二〇二一年最高見到27字頭，升值代表國際購買力變強，自然有壓低進口物價的條件，但扣除匯率因素後，進口物價上升的很明顯，二〇二一年二月年增幅高達近6％，連主計總處都不得不承認是基本金屬、礦產和化學產品上漲所帶動。

但台幣不會永遠強勢、美元也不會一直弱下去。如果台幣開始回貶，屆時國際原物料價格仍居高不下，到時候恐怕進口物價的壓力會更大。以民眾最關心的衛生紙來說，二〇一九年國際紙漿價格大跌，平息了安屎之亂。但二〇二〇年上半年開始國際長短纖漿價又開向上走升，北美長纖價已經從二〇二〇年每公噸600美元漲到了800美元，短纖漿價也有見底回升的趨勢。再加上缺櫃和海運價格的上漲都加重生產成本，工業用紙價格已經上漲有一段時間，接下來會不會是輪到民生用紙就更值得注意了。

二〇二一年似乎投資路不順，才開年兩個月，金價就下跌了近9％，把二〇二

○年的漲幅回吐不少。二○二○年金價全年上漲24％，創下近十年來最佳行情。但二○二一年以來金價卻是一路下跌，創下一九九一年近三十年來最差的開年格局。金價狂跌，各類黃金商品無不跌勢慘重，手上有黃金ETF和黃金基金的投資人可能要小心了。

二○二一年金價跌勢明顯

二○二一年金價的下跌頗不尋常。首先是跌勢十分明顯，從現貨金價走勢可以發現，一開年金價就一路下跌，跌勢過程中一路破底。從年初的1897美元，跌到三月底最低見到1716美元，波段跌幅達到了9％左右。這種走勢是典型的空頭一波比一波低的型態，除非見到打底型態，否則在下跌過程中搶反彈都很容易被套到。

再來，往年第一季通常是金價上漲的旺季，以二○二○年為例，全年金價上漲24％，創下十年來佳行情，二○二○年頭兩個月，金價上漲了4.3％。二○二一今年第一季不旺反而大弱，露透出不尋常的氣氛。

此外，金價向來跟美元指數呈現反向關係。二〇二一年前兩個月美元指數呈現區間盤整，年初在90點附近，二月底仍在差不多的位置，並沒有大幅上升壓低金價的情況。那麼金價到底在跌什麼呢？從種種可能原因評估，市場給的第一個理由是疫苗出現，經濟即將解封，經濟好轉，不利金價走高，但我認為這個理由的關聯度應該不大，勉強說有一點關係，但不至於使金價重挫。

第二個理由是美債殖利率狂升，實際利率走高，不利黃金這種沒生息的工具。這個理由的關聯度就大了，可以說是有直接的影響，非常有可能是二〇二一年二月金價大跌6％，創下四年來最大月跌幅紀錄的主因。

第三點是實體黃金的需求減弱，例如中國大陸二〇二〇年黃金消費量就年比大跌了18％。不管是什麼理由，金價從二〇二〇年最高點的2075美元下跌以來，已經逼近20％跌幅的熊市標準，投資人要小心手上的各類黃金資產。以元大黃金這檔ETF來說，二〇二一年從最高收盤價位的26.32到二月底就跌掉了9.3％，差不多是期貨金價和現貨金價的同等跌幅。

黃金基金的跌勢就更慘。黃金基金是持有金礦股的股票，通常金礦股的漲跌幅度都會大過金價的漲跌。以貝萊德世界黃金基金來看，二〇二一年以來最多跌掉了13%，尤其是最近兩個月大跌超過一成，跌勢有加劇現象。這檔基金持股前三大的公司分別是紐曼礦業、巴克里、Kinross這三家大金礦公司，二〇二一年二月底都有加速下跌的情況。尤其是巴菲特快閃投資的巴克里跌勢最重，二〇二一年第一季來就重挫了18%，從二〇二〇年高點31美元附近持續下跌到18美元附近，這種走勢根本是隻大北極熊。如果金價進一步走弱，這些轉入熊市的金礦股二〇二一年第一季就恐怕將進一步變成趴趴熊。

二〇二一年開年投資路不好走，無論投資什麼資產，從股票到債券再到黃金似乎都很難賺錢，也預告牛年投資需要更加謹慎小心。

無論如何，美元再貶，台幣再升的機會不大了，資產布局應該趁早進行。

全球原物料價格二〇二一年延續二〇二〇年三月以來的上漲趨勢仍在進行之中！衡量全球十九種原物料價格所組成的 CRB 指數一年來已漲升了 80%。什麼都漲，只有薪水不漲成了現在式！

第七章
chapter 07

什麼都在漲！
五大資產佈局要趁早進行

全球原物料價格二〇二一年延續二〇二〇年三月以來的上漲趨勢仍在進行之中！衡量全球十九種原物料價格所組成的CRB指數一年來已漲升了80%。什麼都漲，只有薪水不漲成了現在式！

推動物價上漲的主要因素之一，是全球央行大撒幣所造成的通貨膨脹現象，連同股票和房地產價格的上漲都可以看成是某種形式的通膨。如果通膨過熱到影響民生消費和經濟的運行，全球央行必定要緊縮資金壓抑，這也是金融市場最擔心的緊縮出現。屆時全球資金將回流王者貨幣美元！

無論如何，美元再貶，台幣再升的機會不大了，資產布局應該趁早進行。

衡量美元強弱，一般會用美元指數。美元指數在美國州際交易所（ICE）交易，是美元對六種主要國際貨幣所組成的一籃子指數。其中歐元所占權重57.6%最高、其次是日圓13.6%、英鎊11.9%、加幣9.1%、瑞典克朗4.2%、瑞士法郎3.6%。指數的編製是針對這一籃子貨幣進行加權幾何平均計算，目的在彰顯美元的趨勢方向。

美元指數二〇二〇年三月來大跌一成，最低曾跌破了90點，台幣也因而大升到二十三年來的高點。但二〇二一年美元指數已經不再破底，出現了初期的打底跡象，台幣也在三月不再見到27字頭。美元止穩，這種情況轉變的表面主要因素是美債殖利率急升，引發美國科技股下跌，市場資本避險所造成。但深層的因素是市場擔心聯準會寬鬆的立場會因為物價上漲的壓力而改變。

疫情以來，美國政府總計投入了占GDP 30％、5.9兆資金紓困，預計可能還會再投入2到3兆的資金推動經濟增長。透過聯準會的印鈔，美國財政部的發債，巨大的資金量體如同洪水般衝到各處。以CRB指數來看，二〇二〇年三月跌到106點，但一年來漲了80％，來到了193點。CRB指數是全球十九種重要原物料所組成的指數，其中能源占比最大、達到了39％；其次是軟性商品和金屬類各占二成左右；另外就是畜產品和俗稱黃小玉的黃豆、小麥、玉米共占二成。雖然CRB指數漲了八成，但離二〇〇八年那波的高點，可以說還在山腳下。CRB指數一年的大漲，資金因素是主要的推動力量。

另外，從宏觀環境來看，聯準會每月1200億美元的購債規模不太可能再增加了，美國財政部的巨額發債需要靠外國政府買盤才能支撐。目前美債殖利率已經啟動上升周期，代表債券價格啟動了下跌循環周期，各種不利債市的說法都有，最聳動的就是四十年來債市大牛市結束。債市原本就利空充斥，如果此時美元還一直貶值，請問有那個外國政府願意往火坑裡跳？所以美元大體上即使不升，大概也弱不了。美元持穩，對穩定原物料價格有一定幫助，但要壓低油價需要美元持續走升，美元走升的支持力量在聯準會政策轉變，開始轉向緊縮，這個時間點還沒成熟。

聯準會必定會等美國長天期國債殖利率上升到一定程度後才會出手，屆時形成利空出盡的市場氣氛，政策轉向順勢拉升美元，形成美元升、債市殖利率見頂同步向下的有利於債市多頭的買盤環境。我估計時間點約在二〇二一下半年。以此路徑預估，二〇二一年中，通膨會升至波段最高，債市殖利率和油價都可能同時見頂，之後一到兩個月就是聯準會最佳的出手時機。

如果我的推估是正確的，我們會看到二〇二一年各類資產價格的表現出現如下的情況：

1. 景氣循環股票，如鋼鐵、塑化和原物料族群上半年仍會持續上漲，例如我一直看好的美國鋼鐵這支股票，持續大漲創新高就是例證。

2. 科技股仍會走弱，資金由成長型股票轉向周期性股票和金融、地產板塊。
3. 美債殖利率夏天前持續上升。
4. 原物族群油價、農糧隨美債利率同步上升，漲勢兇猛的黃豆油就是例證。
5. 美元指數打出大底，正式轉強向上，屆時周期性股票漲勢結束，資金重回成長型科技股。

最後，我沒有水晶球，這些推估是我個人的研判，對錯有待時間的驗證了！

當市場風險偏好情緒上升，推動股市上漲時，資金會從債市流向股市，產生了股漲債跌的現象。

相反的，但市場看跌股市時，資金會大量從股市撤出流向債市避險，從而造成了股跌債漲的情況。

第八章
chapter 08

美元的投資工具

美股和美債，是最方便的美元投資工具。美元定存不能算投資，只是沒選擇下暫時存放貨幣的工具。

股票和債券是資本市場兩個重要的資產池。通常它們具備了翹翹板的效應。也就是股漲，債就跌。道理很簡單，股票是風險偏好資產，債券是風險規避資產。當市場風險偏好情緒上升，推動股市上漲時，資金會從債市流向股市，產生了股漲債跌的現象。

相反的，市場看跌股市時，資金會大量從股市撤出流向債市避險，從而造成了股跌債漲的情況。畢竟，優質債券是具備保本保息的特性。持有債券如果到期，發行者不違約，投資者是可全數拿回本金和應得的利息。這種保本特性使得它具備了市場風險上升時的避險特性。但市場風險下降時，投資人會想賺更多錢，債券的利息當然強不過股票的天天上漲，所以賣出債券、買入股票就是很合理的投資行為。

如果投資人同時持有美債和美股相同部位，也就是股債占投入資本各半，這種投資方式叫做平衡式投資。短時間，股債相反的走勢，可能會抵消報酬率，但長期下來，股票和債券都有長期漲升給予投資者正向回報的實證經驗，所以長期投資股債各半，可以產生避險兼具長期收益的好處。

除了股債各半外，投資人也可以適時再平衡資產組合。所謂再平衡指的是，定期改變資產組合股債的占比。如果市場風險上升，投資人可以把債券占總資產的比重從50％拉升至70％甚或80％。當然如果市場風險下降，債券的比重也可以降至30％或20％。再平衡需要對金融市場有相當了解程度和把握才能判斷做出決策。一般投資者再平衡資產，可能需要有專業投資機構的建議。

1. 美債

美債的種類很多。一般投資者都是透過共同基金或ETF方式投資。以美元計價的債券不單單只有美國政府公債、企業債、金融債和可轉換債，新興市場債也有本地貨幣計價和美元計價。

美元計價的高收益債券基金或是多重收益基金，是這幾年銷售最多的基金，最多人投資。基金公司設計商品時，創造了配息的機制，每月配息很受歡迎。不過，配息收入有時會從本金來，有點像拿原本投入的錢再定期領回。

台灣人愛買境外基金，據境外基金資訊公告平台的數據，二〇二〇年為止，共計投資境外基金達3.5兆台幣，金額相當大。但細看投資人買入持有金額最高的前十檔基金近一年的投報率大多不理想，尤其不少人投資以南非幣計價的境外基金更是在匯率上慘虧。

這到底怎麼一回事呢？

目前主管機構共核准四十家境外基金總代理、涵蓋六十三家境外基金機構、總計一〇一二檔境外基金，國內自然人加上法人持有金額共計 3.55 兆。上千檔境外基金中，國人持有總金額第一名的聯博全球高收益債券基金，海外基金設這檔熱銷的固定收益型基金投資人就持有了近 3900 億。這檔基金全球總規模 5900 多億，國人佔比就達到 65.3 ％，逼進法定上限 70 ％。

投資人持有總金額上千億的境外基金還不止聯博全高收，安聯收益成長、聯博美國收益、富蘭克林坦伯頓全球系列的新興國家固定收益基金都破千億規模。總計前十大基金投資人持有金額就上兆。

但細看這十檔基金一年來的報酬率竟然只有三檔是正數，其餘全數賠錢，其中賠最多是鋒裕匯理基金新興市場債券，一年來虧了12％。聯博全球高收益債券基金同期間也虧了6.5％。十大基金中表現比較好的是一年來有8％正報酬的安聯收益成長。

境外基金績效不佳的問題還不止於此，南非幣二〇二〇年上半年爆貶，投資人持有境外基金中，幣別第二大貨幣就是南非幣。境外基金投資人持有第一大貨幣當然是美元，但二〇二〇年台幣兌美元猛升，美元基金換回台幣多少會有損失。但更麻煩的是南非幣，國人總計持有2600多億，二〇二〇年南非幣兌美元曾慘貶了兩成多，匯損情況相當嚴重。投資人卡在台幣強勢，贖不贖回都是難題。

所以，無論是投資配不配息的美債基金，原則是要長期持有，短期不一定保本。

美國的優質公司債是長期投資者不錯的選擇。通常發債公司都有一定的知名度和信用評等，例如星巴克、AT&T等。給予投資人的年息回報也比定存好太多。一般大約在3％到5％，利息高低要視信評等級與發行天期等發行條件。長期投資者買進優質的美國企業公司債可長期持有，固定收息。一般息收是半年給付一次。

有別債券基金，優質美國企業公司債的流動性會比較差。債券基金想贖回時，可依照基金的報價的淨值贖回。但優質美國企業債買入及賣回，都需要透過交易商詢價。例如透過證券商以複委託買入，證券商的營業員會報價，賣出時也可以決定一個價位賣出，但不一定會成交，要能快速成交就必須壓低售出價格。

美債的漲跌與利率長期的方向有關。如果利率長期看升，債券價格就會下跌，反之亦然。

債券的價格是看殖利率，也就是市場利率。這個利率是依著市場每日的買賣情況變動的，跟股票交易的情況相同。股債價格的產生，也是買賣交易的結果。基本上就是市場的機制。

股票和債券都一樣，如果買力強過賣力，價格會上漲，反之亦然。買盤大於賣盤的原因很複雜。股票可能受到利多利空消息影響，或是籌碼影響，或是財報影響。至於債券最主要的長期影響價格因素就是利率的方向。但聯準會的態度和股市的波動，也都會影響債券的價格。所以投資債券的原則，包括：（一），分散，各種等級的債券分散持有，以取得平均利率回報，但不建議投資評級太低者；（二）持有到期，除非賣出價格能高出買入價格，通常債券不會像股票一般，出現買入之後就明顯上漲的行情，如果要賣出價格高於買入價格，通常需要持有一段時間。

2. 美股

二〇二〇年美股亮眼的行情吸引不少投資人競相透過各種管道加入美股俱樂部，其中券商複委託就是大宗的交易管道，開戶數到二〇二〇年底已經突破兩百萬戶，全年大增了超過七十萬戶。

不過，開了戶不一定會交易，交易也不見得會賺錢，美股的漲勢重心常有明顯的改變，新手做美股常碰一鼻子灰。

其實，股票操盤視同作戰，台股或美股都相同。戰場上講究知己知彼百戰百勝，買股很難百發百中每次都賺錢，但是只要能確保大賺小賠就可以立於不敗之地。

所以首先我們來看投資人的大熱門的複委託的標的是什麼？

根據券商公會的統計，開辦複委託業務量前幾大的券商分別是元大證、永豐金證及國泰證，其中元大以散戶居多，永豐金主攻專業投資人，國泰則是機構投資人為大宗。

特斯拉是複委託投資美股的大熱門。特斯拉在確定納入標準普爾500指數的成份股後，股價持續漲升，吸引投資人目光。中國大陸造車新勢力之一的電動車代表車廠蔚來汽車也是複委託大熱門。

另外，熱門股還包括迪士尼與蘋果也都是大家搶買的個股。可見台灣投資人操作美股很跟得上風潮。但個股頻繁進出，交易成本愈墊高，真的能賺到錢？複委託一般券商手續費不低，而且有最低收，這是一筆不小的成本，必須要仔細考量。

例如手續費，券商會收到0.5％到1％，而且買賣都要收。至於最低收一般會收到單筆30到50美元，這也是要注意的。所以想要省手續費除了可以跟券商談折扣外，就是減少進出。我個人比較建議買些好的ＥＴＦ放久一點，不要賺個幾趴就賣出，這樣頻繁的進出，最後有可能做白工，替券商做業績而已。

至於買什麼ETF？可考量跟著指數走的類型，例如代號VT的Vanguard total world stock。這檔ETF二〇二〇年初在80美元附近，三月最低跌到53.7，年底漲到90美元。它的走勢反應了美股，也是全球股市的興衰，當然全球指數最主要權重國還是美國，也就是這檔ETF投射了美股的表現。我們比較全球最大規模的一檔ETF就是代號SPY的Spdr s&p 500etf，它跟隨的是美股標準普爾500指數，二〇二〇年初它在321美元左右，三月最低跌到218.26，年底漲到367美元。

SPY自二〇二〇年初到三月最大波段下跌了32%，之後波段漲了68%，VT的同一時期表現也幾乎相同，只不過VT的管理費比SPY稍低了一點。但追綜標普500指數的ETF中，手續費最有競爭力還是Vanguard的VOO。VOO二〇二〇年同一時期的高低點分別是298到三月低點的200，之後再一路漲到十二月初的337。波段幅度也與先面兩檔幾乎完全相同，但管理費很顯著的比較少。

不過我覺得投資績效不會只是建立在管理費多寡上，更重要的是建立在持有時間加上標的的選擇與進出的時點上，例如我看好原物料行情，選定代號ME的SPDR（標普500指數ETF）S&P Metal&Mining的這檔ETF。這檔ETF二〇二〇年波段高低點分別是29.29-13.86-30.91，波段跌幅與漲幅分別是52%與120%，比起前面三檔波動空間要來的大許多。

這就是金屬與礦業股的特性，ME二〇二〇年十一月單月的漲幅達到20%，比起標普500指的12%來的大許多，所以我認為這已經很明白告訴你景氣在復甦，原物料的牛市來臨，也由此可以看出。

3.美國初始上市股票

美股二〇二〇年表現非凡，尤其是尖牙股領軍的那斯達克指數年漲44%，表現最亮眼。蘋果、微軟、谷歌、奈飛、臉書、亞馬遜、臉書，七大尖牙中漲幅最大的是蘋果，全年上漲了80%。但相較特斯拉全年漲七倍，蘋果就遜色很多。

除了特斯拉外，尖牙股無一漲幅上倍。二〇二〇年，美股最飆股許多出現在初始上市的IPO族群，包括漲幅第一名的Greenwich大漲了583％。這些大漲的IPO股的屬性都很明顯，其中暗藏了讓人致富的秘碼。

二〇二〇年，美股歡唱收割，道瓊指數全年上漲了7.2％，標普500指漲16.3％，那斯達克指大漲44％，費城半導體指更是勁揚了51％。美股的大漲主要靠尖牙股推動，其中蘋果、亞馬遜、微軟、谷歌母公司Alphabet、Facebook、特斯拉、輝達在內的全美市值最高七檔股票，總共增加了3.4兆美元，市值相當於美國聯邦政府全年的收入。

其中，蘋果股價漲超過80％，微軟漲40％，亞馬遜漲76％，谷歌母公司Alphabet漲31％，Facebook全年漲33％，奈飛漲67％。另外，新能源汽車的代表特斯拉更是大漲700％。

特斯拉是標普500指成份股年度漲幅最大的個股，其它標普500指裡漲幅緊次於特斯拉的是電商平台Etsy公司的300％和輝達的122％。如果你驚嘆這些美股的漲幅，接下來這些股票的漲幅就更驚人了。去年美股IPO的前十大漲幅股，最少的一檔是股神巴菲特投資的雲端計算公司Snowflake，年度漲幅169%，最多的是新藥開發公司Greenwich Lifesciences，它去年九月二十五日才上市，到年底的漲幅就達到了583%，堪稱第一神股。

綜觀美國二〇二〇年最飆股，我發現有下面幾個共同特色，首先幾乎都與新科技有關，包括運用網路雲端大數據的電商平台，或是社群網路，或是線上串流平台的服務與內容提供者；另外就是跟生命科學有關的生技和新藥開發公司，其次就是人工智能（AI）公司與電動車的美國和中國企業。

這些美股最夯股最直接與台股的連結就是全球最大而且最先進的晶圓代工製造商台積電。台積電二〇二〇年進入5奈米的量產，二〇二二年將進入三奈米量產，是輝達等美國先進科技公司不可或缺的合作夥伴。至於雲端網路不可缺少的伺服器，台廠廣達、緯穎、鴻海等也都在全球市場占有一席之地。

台積電二〇二〇年全年漲幅60%，市值大增超過5兆，超過台股上市櫃市值合計增加9.3兆的一半。台積電的漲幅雖然排不上台股前十名，但市值的增加無人可比。

我始終認為台積電是台股最值得長期投資的核心持股，與其亂槍打鳥亂買股票一通，投資人不如長期抱著台積電，它的股價雖然已經不低，但展望長期高可能還有更高，而且二〇二一年它的配息也可能從二〇二〇年的10元增加到12元。至於跟隨台積電的一連串半導體設備公司，我認為也值得波段投資。台積電的資本支出還會再創歷史新高，它的設備供應商也是最大的受惠者，是不可以放過的好的投資標的。

美國危險訊號

二〇二一年美股會漲多少？美股的漲跌不僅關係著美股投資人，也關係著台股投資人。美股與台股不但正相關，而且相關係數極高。美股長期漲跌趨勢就是台股的車頭燈。二〇二〇年美股三大指數的漲幅，其中跟台股最相近的是標準普爾500指數，全年漲幅是17％左右，跟加權指的20％漲幅相近。華爾街投資機構對標普500指二〇二一年底的中位數平均預估值是4050點，也就是預測美股二〇二一年仍有接近

10%左右的漲幅，這個漲幅預測有依據嗎？什麼又是美股漲多的危險警訊呢？

俗話說，千金難買早知道。投資這件事，最難的就是預測，但偏偏人們對於不可知的未來是最有興趣的。每年年底，華爾街的投資機構都會做出對隔年股市的預測，各家機構的看法不盡相同，但都會有美股大盤的目標區間。我統計了一下，對於二〇二一年美股的看法，各家機構倒是很一致的看多，只是看漲的程度有所不同，例如大摩比較保守，認為二〇二一年底標普500指有機會上漲到3900點，相對高盛就樂觀的多了，預測年底標普500指會到4300點，兩者相差了400點，達到10%差距。

估且不論誰對誰錯，還是兩家都錯，反正到二〇二一年底就揭曉。綜合來看，華爾街各機構對標普500指平均的年底估值是4050點，大約全年的漲幅是八%左右。我個人也覺得美股今年有一成左右的漲幅是很合理的，這倒不是我有水晶球，也不是憑空猜想，而是根據美國股市市值與M2（廣義貨幣供給量）比值去推算的。二〇二〇年美股在經濟未復甦和疫情未退下，股市能夠大幅漲升，主要靠的不是經濟成長的力道推動，靠的是貨幣供給量推動，所以用股市市值與GDP比值去評估，倒不如用M2取代GDP，可能更貼近市場實際的情況。

目前美股市值與M2比是2.01，最近五年來這個比值最高大約是2.1，也就是較目前大約仍有8％左右的上升空間，過去五年來這個比值只要來到2.1倍的高點，美股都會有明顯修正，例如二〇一八年的一月與九月與二〇二〇年的一月市值M2比與美股大盤都來到波段的高點。

所以如果這個數值又來到2.1附近，我個人對股市的戒心就會提高。另外，美股與台股的中長線的高點，我個人會以美股十年期國債殖利率做為警戒線。原因是，美國聯準會主席鮑爾在二〇二〇年十二月聯準會公開市場操作委員會會後記者會上針對美股的談話，已經明白說明了聯準會對美股的態度，他的說法很值得參考。

針對大家擔心美股估值過高，鮑爾說他個人並不擔心，表明股票估值可能並不像乍看之下那樣過高，相對於無風險回報率（也就是美國公債殖利率），股票估值可能並不像第一眼看上去那樣顯得過高。

言下之意就是美國國債利率太低了，所以相對股市就不顯得那麼高。當時，美國十年期國債殖利率在0.9％附近，相對股市的殖利率是偏低；但如果十年債殖利率爬升到2％到2.5％，那時候股市對長期資本的吸引力就會大幅下降，所以十年期國債利率會是美股高點也就是台股高點預判是極為重要的參照指標。華爾街預估二〇二一年底十年期國債利率可能會上升到1.5～1.6區間，不過才過一季二〇二一年美國十年期國債殖利率升到1.8％附近，這也是美股二〇二一年第一季壓力比較大的原因。

美股指數成份股的變動

二〇二〇年道瓊斯指數宣布了七年來三十支成份股最大的變化。艾克森美孚石油公司被掃地出門，連同被踢出道指的還有全球最大的軍火公司雷神與大藥廠輝瑞，取代這三家的則是網際網路服務大廠Salesforce，以及另一大藥廠安進（Amgen）及橫跨消費電子產品工業產品航太的巨擘Honeywell International）。最新的變動二〇二〇年八月三十一日生效。道瓊為什麼做如此大的改變？百年老店美孚為什麼被掉換？從這次的大變動又告訴我們什麼投資方向？

道瓊鐵了心一口氣大幅更換三分之一的成份股，動作之大是七年來僅見，前一次道瓊指數的成分股重大變動，是在二〇一八年六月，當時一八九六年道瓊指數成立時的元老級成分股奇異電子，被連鎖大藥房Walgreens取代，也曾轟動一時。說到道瓊的歷史，早在一八八二年的一百三十多年前，美國記者查爾斯·道（Charles Dow）

在當年創立了的道瓊運輸平均指數（Dow Jones Transportation Average）並於同年成立了道瓊公司。隨後他以運輸指數的相關作法和經驗，在一八九六年五月二十六日發布了道瓊工業指數，當時收錄美國最具代表性的十二家工業公司的股票，其中就有奇異，一九一六年道瓊指數擴增二十家公司，一九二八年時增加為三十家公司一直到今天。

二〇一〇年時，道瓊公司將道瓊系列指數部門賣給CME（芝加哥商業交易所）集團，二〇一二年芝商所將道瓊與標普環球旗下的指數部門合併，成立標普道瓊指數公司，以後所有道瓊指數目前皆由這一個公司管理，但指數名稱沒有改變。

目前道瓊指數的計算，是用所有成份股的股價總和，除以一個除數，目前的除數大約在0.14左右。這樣的計算方式，也就是所謂的股價加權，會讓股價高的成份股票，對指數的變動有較大的影響力。而這也是二〇二〇年成份股大幅換血的導火線。

原本道瓊最占權重的成份股是蘋果，但蘋果宣布一比四進行股票拆分，新的拆分後股價在二〇二〇年八月三十一日起執行，蘋果進行股票分割，在道瓊指數的權重排名從第一名一口氣降至第十六名。初至八月，蘋果股價已飆漲71.52%，成為全美第一家市值超過2兆美元的上市企業，二〇二〇年總共為道瓊貢獻超過1,400點，是至今影響力最高的焦點成份股。如果少了蘋果加持，道瓊指數恐怕更加難以追上標準普爾500指數及那斯達克指數。因此，掛牌道指百年的美孚就成了待罪羔羊。

早在二〇一三年，埃克森美孚就已成為標普500指數最大的上市公司。二〇〇七年，美孚市值達到了5,000億美元的峰值，當時是傲視全球不可一世的石油業巨人，此後，隨著新能源的崛起而光芒漸淡。二〇一六～二〇二〇的五年間，美孚股價下跌了近40％，市值只剩1785億美元。

另一方面，取代美孚的Salesforce過去五年裡股價上漲了近220％，市值增加到1,875億美元。蘋果拆分，道瓊內的科技權重從原本的27.6％大減至20.3％，但加入Salesforce後、科技權重即可拉升至23.1％這個變化也說明了全球投資勢的巨大變化——那就是舊時代的能源業已不再風光，新堀起的是綠色能源及新科技產業。我們的投資方向也該順應此潮流。

股票像是盛開的紅玫瑰，美麗但帶刺。市井流傳的股市的故事，摘取玫瑰要用正確的工具，和抓到最好的時機。這些都需要學習和經驗。

第九章
chapter 09

過了二〇二一年，長期而言，仍要培養認識股票本質的素質

我認為最好的投資工具，莫過於股票，但它也是難搞的投資工具，而且是充滿陷阱的工具。不理解就投入，它會變成最壞的工具。投資股票前，要先對這項工作的本質有所了解。

股票像是盛開的紅玫瑰，美麗但帶刺。市井流傳的股市的故事，以及人們講述股票的經驗，通常都是美好的，但事實並非如此。賺錢的故事就好比盛開艷紅的玫瑰，引人想去折取，但方法不對，會被刺得滿手鮮血。

摘取玫瑰要用正確的工具，和抓到最好的時機。這些都需要學習和經驗。

股票的本質是什麼

1.股票是高波動的、具有高度風險的投資或投機工具

投資和投機如何區別？

我認為是心態。

投資的心態是以較長的時間周期，把資本放在優質的工具，以時間產生複利的增資，或是資本增資，或是兩者兼具的工具。

例如，買入台積電，長時間的投資。台積電每季會分配股息給股東，所謂股東也就是持有台積電的人。固定而且穩定的配息，並能賺取時間複利。過一段時間，台積電股價從300元漲到了600元，這就是資本增值。所以長期持有台積電，就是投資，應該不會有人認為這種方式叫投機。

相反的，投機是把錢放在短期，根本不管是不是優質的股票。買入的股票優不優質，並不是我認為投機的本質，而是買入的心態。投機的心態是短期想賺到快錢，最好今日買，隔日就賺上個10％。買入的動機是短期賺快錢，任何股票都好。投機是人性，人天生下來具備了投機的基因。

股票具有高度波動特性，是投機很好的工具。因為要短期賺快錢，太過平穩不波動的工具並不合適。相反的，優質的股票是很好的投資工具，長期抱股有很好的報酬，抱對股的回報遠遠超過其它的投資工具。例如，全球市值最大的上市公司蘋果，一九八〇年以每股22美元掛牌，當時發行460萬股，換算募得資本不過1億美元，但四十多年來，蘋果的市值成長到2兆美元。

四十年來，蘋果總共拆分過五次股票，分別是一九八七年、二〇〇〇年、二〇〇五年、二〇一四年，以及最近一次二〇二〇年。前三次拆分都是一拆二，第四次是股價觸及700美元後一拆七，二〇二〇年則是一拆四。五次拆分下來蘋果從原始1股膨脹為224股，也是單是股票拆分就超過200倍的回報。至於股價從22美元漲到二〇二一年130美元，也就是六倍回報。不算股息收入，單就股本膨脹和股價上漲，一九八〇年投資1股如果持有到現在，1股從22美元變成了29000美元，報酬率超過1300倍。

至於投機，疫情下的口罩股，是標準的範例。

二〇二〇年，曾紅極一時的生技和防疫股爆起又爆落。不少小股民紛紛在網上哎哎叫。口罩股的代表恆大的股價，二〇二〇年從15元附近起漲至216元。但年底最終跌破了百元大關。如果在200元附近搶一張恆大，等於現賠超過十萬，這筆錢可能是不少人好幾個月薪水。怪不得有人大嘆千金難買早知道，後悔去搶了防疫股。所以，股票有漲就有跌，投機和投資要區分清楚。

為什麼搶買口罩股是投機呢？

口罩股是標準的機會財。機會財就是投機。每回有重大疫情，口罩股就飆風再起。二〇〇三年SARS期間，恆大股價當時從不到8塊，一波急漲到近20塊。SARS來的突然，但去的也快，恆大股價從二〇〇三年三月底起漲，到五月初見高點之後，七月就跌回近原點，股價上漲倍數之後也快速腰斬，來去一場夢一般。

這次疫情拖了整整一年多，口罩股的漲勢更兇而且波段時間更久，但結果又是相同，又是來去一場一夢，只不過直到二〇二〇年底，恆大的股價還離二〇二〇年起漲點有一大段距離。雖然從高點已經跌了一半，但手上有恆大股票的人，應該還抱著一絲希望。

恆大二〇二〇年前三季EPS 16.7元，二〇一九年同期才0.33元，年比成長了五十倍。口罩生產商爆賺機會財。高價搶進口罩股的人，也都是看上了獲利大好。但沒想到的是，獲利數字出爐後，股價卻一路向下；再加上疫情趨緩，口罩增產下供過於求，不再缺貨，口罩股的股價見高點之後，完全沒有止跌的跡象。

二〇二〇年類似恆大股價大幅波動的泛口罩股還有南六與美德醫。美德醫最誇張，股價從1塊漲到78塊，再跌回了二字頭。這些股票的股價高點不盡相同，但上漲下跌的趨勢都類似。口罩股在SARS到新冠病毒兩次疫情爆發下股價的走勢，投資人應該學到的是這類機會財的股票不是不能碰，但玩機會財的股票一定要懂得幾個原則，包括：第一是上車要快，買要買在消息剛起，大家還半信半疑之時；第二是及時下車，賣要賣在大家都全信，財報數字大好之時；第三是賣了就跑，不再回頭，管它EPS再好都是別人的事；第四是股價下跌趨勢出現時，也就是一直破底時，不要去搶反彈，不要預設立場它會跌到什麼地方；另外，如果搶到之後，股價就下跌，也要設好停損點，當機立斷該認賠就要認賠。

2.股票是不對稱的金融工具

股市充斥著內幕消息和內線交易。勞動基金爆發的弊案就是典型的例子。無論在資本、資訊、研究條件和操作心態各方面，一般泛指散戶的投資人，對照法人、大戶都處在弱勢一方，也就是不對稱的弱勢方。

怕熱就不要進廚房。進入股市就要對這個市場的本質有清楚的了解。才能知己知彼。股市無需百戰百勝，只要常年能大賺小賠，就能累積可觀的財富。即使是不對稱和不公平的市場也一樣。因為再險惡的環境仍有人能生存。但必須有智慧，而非人云亦云。

首先，進入股市需衡量資本。你有多少錢？一百萬？在有一億元的人眼中算什麼？一億？在有百億的機構法人眼中算什麼？要知道，股市就是比財大氣粗。一百萬只能買一張台積電，一億可以買一百六十張。買一張，買了跌下去，你怎麼辦？一百六十張，跌下去，一張一張攤平，可以攤一百六十次。你覺得同樣是台積電，誰的勝算大？

3.資本市場裡，沒有平等這回事！只有割韭菜

股市資訊生態鏈，向來是公司派餵給機構法人，大家都先上車後，再餵給媒體，媒體知道也上了車，再發布訊息，最後才輪到一般股民。我在媒體多年，這種生態鏈看多了，也非常清楚。

某些上櫃公司，不算是小公司，營收發布前都會先知會特定的投信法人。所以，例如據我知道的忠告是：如果每買股票必賠的你，就去買基金吧。績效表現好的台股基金，年報酬率20%以上稀鬆平常。放著20%不賺，每天在股市忙進忙出的，付了一大票手續費和交易稅，最後還搞的賠錢，真不知所為何來？

機構法人裡有專業的基金經理人、有研究團隊。他們會常跑上市櫃公司，聽法人說明會，做產業研究，又跟公司派熟悉，再加上還有龐大的資金可供操作。請問，跟你自己操作股票，誰的勝算大？

股市裡資本不對稱，資訊不對稱，操作工具不對稱，只有強者能贏。短中期操作上，一般散戶要贏法人，太難。除非買些好股，做長期投資也是辦法。股票漲跌無常，背後又有很多繁雜的漲跌因素，其中不乏人為操控。操控股價的目的，當然是給特定人賺錢。那又是誰把錢賠給特定人賺呢？為什麼你買股票都會買在高點，又賣出在低點？可曾檢討過？買進特定股票的動機是什麼？是完全自行研判？還是聽信了特定消息？包括媒體？這些消息又為什麼？透過什麼管道讓你知曉？這種資訊傳播的過程，不就是為操控股價嗎？什麼基本面，營運情況好壞，又會是那些人最先知道呢？

股市如賭場？沉迷賭博不會有好下場

博奕事業是賭場好聽的名字。賭場自古以來不變，就是開賭場的人發財，賭客永遠是輸家。道理很簡單，有看過那個賭場關門的嗎？全世界賭場都是一天二十四小時，一年三百六十五天無休，開幕就永不關燈。為什麼？因為開賭場的老闆都成了巨富，賭客到最後都賠的一屁股。這麼好賺幹嘛關門。

二〇二〇年東方賭王、澳門葡京的創辦人何鴻燊以九十八歲高齡辭世。二〇二一年初西方賭王拉斯維加斯金沙集團的創辦人阿爾德森也走了。這兩個賭王共同的集結就是在澳門，兩人在此明爭暗鬥互不相讓。二〇〇二年阿爾德森一腳踢開中華開發劉泰英，結盟港商嘉華集團創辦人呂志和成立銀河娛樂拿下了澳門三張賭牌中的一張，終結了何鴻燊長期壟斷澳門賭業的時代，也開啟了澳門博奕事業國際化與金沙集團、銀河三足鼎立的澳門賭業盛世。

二〇二一年一月十三號，阿爾德森以八十七歲耆壽去世。阿爾德森身價數百億美元，是全球富豪榜上常客。但是他並非是豪門貴族含著金湯匙出生的，相反的，他是窮苦人家的孩子，憑藉著他天生猶太人敏銳的生意頭腦和不斷想成功的努力打拼精神成功。一九八〇年代初期，他嗅到了電腦這個大生意的機會，創辦了全世界第一個電腦展 Comdex，賺到了巨額財富。

一九八九年他又看到了人生的另一個大機會，買下當時快破產的拉斯維加斯金沙酒店。一九九六年他在立下決心後炸掉金沙，原地重建了威尼斯人，把水都風情帶進入沙漠，創建了集賭場、飯店、娛樂、會展和購物於一體的渡假中心，開創了賭城賭業的新局。

阿爾德森跟台灣也有不少交集，曾積極想要在推動澎湖開設賭場。二〇〇二年澳門政府競標三張賭牌，當時由中華開發掌門人劉泰英與威尼斯人集團合組亞美娛樂投標，但沒想到在最後一刻，威尼斯人宣告脫離亞美，反而跟嘉華集團呂志和合組團隊競標。少了威尼斯人這塊金字招牌，中華開發毫不意外出局，反而是威尼斯人嘉華合組的銀河拿下了三張賭牌之一。

當時這個競標結果引起轟動，澳門媒體形容是台灣幫出局，呂志和意外奪標。另外，兩張牌沒意外的落入國際賭業大亨永利和何鴻燊為首的澳博口袋。至於被擺了一道的中華開發的亞美團隊只能向澳門當局提出異議，但無奈地盤是別人家的，最終也只能摸摸鼻子回家吃自已的。

從阿爾德森這一連串發跡的故事，就知道他超級狠角色的地位。威尼斯人進入澳門之後立刻風生水起，在他和呂志和成立的銀河團隊主導下，硬是讓澳門政府把三張賭牌再分切出三張副牌，一共六張賭牌，共同經營分食澳門的賭業大餅。威尼斯人到手一張副牌二話不說立刻就跟銀河拆夥，二〇〇四年在澳門推出了第一家不是何鴻燊開的賭場，當年澳門金沙搶先在新口岸漁人碼頭開幕，引發了轟動，阿爾德森把拉斯維加斯的賭業經營水準帶進入澳門，讓當地賭業氣象一新，自此展開了澳門博奕產業國際化之路。

那時澳門的賭業正好趕上中國的經濟大幅成長，除了二〇〇八年受到金融風暴侵襲外，一路扶搖直上，經營規模超車賭城拉斯維加斯，金沙集團自此在澳門陸續興建了威尼斯人、百利宮、金沙城娛樂中心和巴黎人一系列酒店。跟呂志和旗下的銀河、百老匯、星際酒店，還有何氏家族旗下的葡京系、新濠系與米高梅系，再加上永利酒店，形成四大巨頭集團分庭抗禮。

阿爾德森除了身價驚人在賭業呼風喚風外，他也是共和黨的大金主，而且對以色列和猶太事務有極大影響力，讓川普決定把美國大使館遷到耶路撒冷就是他在背後施力。如今澳門賭業繼二〇〇八年後，再次受到疫情衝擊，但並沒有打倒這些賭業王國。一年多來的不景氣，這些大集團仍穩如泰山的原因是過去十多年來實在是賺翻了，有充足的糧草過冬。不過，二〇二二年這六張賭牌同時屆滿期限，澳門政府到時候重新審查賭牌，威尼斯人和永利這兩家美國的賭業巨頭能否拿到牌照不無疑問。美中交惡下，一場澳門賭業的大變局也即將開啟。

從阿爾德森、何鴻燊、呂志和這些賭場大老闆的故事就明白了，不是狠角色別想搞賭這個偏門生意。這些賭業大亨動輒身價數百億，錢從那賺的，答案不就很明白了。

股市究竟是不是賭場，但其實性質很相似。股市的老闆就是各國政府，買賣股市要繳稅，所以各國政府都樂得股市興旺好坐收稅金，真是一本萬利的好生意。只有笨蛋管的政府才會想把股市搞垮，搞一些股民不樂見的玩意出來。

股市好，對執政者來說好處多多，一方面稅收增加，另一方面股民賺錢自然抱怨少，賺錢又敢花錢，經濟消費內需當然跟著好，聰明的執政者一定在股市做多。股市不見得有公平正義，但一定有利益，賺錢就是王道。政府賺錢、股民賺錢，大家都有錢賺不挺好。聰明的執政者嘴巴不說，心裡都在想如何讓股市更興旺。就像賭場老闆，都想著如何讓賭場生意更好。

雖然賭到最後賭客一定輸，但賭場老闆不能玩死賭客，賭客死了，也沒錢賺了，所以如何讓賭場和賭都能雙贏，就是重點。股市不也一樣，如可讓股民不輸光，輸了還能再賺回來，如此生生不息，才是厲害執政者操盤之下資本市場的重點，其中最懂這一套的就是美國。華爾街這一票投資機構和金主跟白宮玩的就是這一套。

所以，我認為股市在某種性質上和本質上跟賭場沒什麼不同。但不同的是，賭客和股民一個最終注定輸，一個不一定。關鍵在於賭場叫做十賭九輸，長期賭下去一定輸。但股市如果可做到大賺小賠，長期穩定的操作就可以累積至一定的財富，最終成為贏家。

為什麼爛賭一定輸，因為賭場一定贏

賭場贏賭客的關鍵有兩項，不是風水、不是作法，而是機率和大數法則。機率，任何賭博遊戲，賭場贏的機率一定大於賭客，但不會大太多，大太多就沒有賭客上門了，所有賭博遊戲的規則設計都是賭場贏面大一點。

這一點是多少呢？以百家樂為例，這個亞洲賭客最喜歡玩的遊戲，也是澳門各賭場的主流博奕項目，它的規則是可以莊、閒都下注，也就是賭客可以自由的下注在莊家或閒家，也就是賭客可以任意決定每把下注押莊家，或押閒家贏。看似非常公平，好像賭場跟賭客對賭是在同一立足點上，但事實上它的規則隱含著無論賭客押注那一方，賭場永遠是占有優勢地位。

統計結果顯示，押莊的賭場優勢是1.17％，押閒家是1.36％，如果押合局，賭場的優勢更大。不多不少，賭場只要贏你這1％多就夠了，因為十賭九輸，賭客一直賭下去，到最後，賭場就憑藉著這1％多一點的優勢就可以吃遍天下。

這也是為什麼賭場永不關燈，而且來者不拒的理由。永不關燈和來者不拒下，就適用機率優勢和大數法則。機率優勢必須配合大數法則才成立。也就是一個賭客來跟賭場對賭，賭場不見得贏。假設賭客運氣好，連續十把都贏錢走人，賭場就輸了。但是一百個、一千個和一萬個賭客，不斷不斷地賭下去，大數法則就會讓賭場優勢的機率成立。

賭場可能輸給某個賭客，但不要緊。賭場看的是總和下來贏或輸，只要大數法則下的優勢機率成立，賭場終究會從眾多賭客身上賺到那1％多一點的優勢。

什麼是大數法則呢？丟銅板正反面的機率各半，所有人都知道的事。連續丟出三個正面，第四次出現正面的機率是多少呢？答案還是50％。直到第十次都是正面，第十一次出現正面的機率還是50％。

怎麼這麼奇怪？怎麼會連續十一次都是正面呢？理論上不應該是丟十次銅板，出現正反面的機會都是五次嗎？答案就在大數法則。大數法則告訴我們，丟銅板正反面機率各半，須丟無數次的結果，也就是只有丟的次數夠多，一百萬次下，正反面的機率會趨向於各半。只要次數不夠多，每次丟銅板都只是單一事件，不存在機率問題。

賭場優勢在於各種賭博項目設計的規則，同時成立於賭場的生意興旺下。相反的，賭客呢？永遠都認為自已會是幸運的傢伙。

如何運用優勢操作股票

就像賭徒想找到賭場致勝法寶一樣，股民們也想在股市找出不敗策略。但就算你熟讀各類股市書籍，背下股神巴菲特的每句股市名言，最終也不見得能賺到錢。這到底是為什麼呢？因為股市永遠是千變萬化，輸贏賺賠牽涉著每一次的進出點位、買進的標的、投入的本金成數，這些股民能主動的決策之外，它還涉及外部市場的變數，包括了大盤的漲跌對個股的影響和市場的意外變數等，這些因素是無法用任何數學模型量化算出來一條恆定的公式來照著操作股票的。但是著名的凱利公式至少它能提供我們一個操作股票提高勝率的基本思考，使長期投資或投機者能增加股票的操作的績效。

凱利公式是每個股市參與者不可不知道的道理。我認為它存在某些盲點，但如果能參透這個數學公式背後的意涵，確實可以提供長期在股市裡的勝率。

提高勝率這件事對股民來說很重要，它關係著你是不是能真的在股市累積財富而不是把錢拱手送人。例如，十次買進賣出能賺九次，只賠一次，而且每次買進賣出所投入的資金占所有本金的成數又能控制得宜，就能長期在股市累積財富，相信這一點大家應該都會同意吧。這種投資結果叫做大賺小賠。

在股市賠錢難免，但如果能控制虧損，放大獲利，就是股市必勝的法則。

但是，怎麼做到呢？

我認為凱利公式就提供了的投資策略的思考路徑。首先，要做到大賺小賠就得提高勝率，勝率是關鍵，勝率也就是贏面。根據凱利公式，當在賭場或股市只要贏面大的時候就應該下大注，反之應該下小注。下注的大小，也就是每次買進股票占本金的成數是應該有策略和原則的，而不是隨心所欲的亂買。

其次，凱利公式在股市無法量化賠率，也就是買進的標的最終到底能賺多少？例如買進台積電，是不可能在買進當時就能確定到底能賺多少出場，如果賺一倍出場，賠率是1；賺50％出場，賠率是50％，沒有人能在買入股票的當下能確定賠率，所以適時的停損和停利就是依據凱利公式操作股票的補償策略。例如，你買入某檔股票預計獲利30％出場，就可以把賠率設定成30％。當大家都懂這些道理後，我們就來了解什麼是凱利公式。

凱利公式的歷史源於美國貝爾實驗室工作的物理學家JohnKelly發表的一份關於信息傳遞理論的報告結果。凱利是美國貝爾實驗室的物理學家，他經過研究資訊理論，發現賭徒可以在知道勝率和賠率的情況下，確定最優的下注比例，從而使自己的長期複合收益最大化。

凱利在一九五六年發表了一篇論文，把這個方法發表了出來。雖然凱利發明了這個賭徒的黃金鐵律，但他對賭錢一點興趣也沒有，結果最後被一位麻省理工數學家Ed Thorp 在拉斯維加斯賭桌上運用而賺大錢，之後他進入更大的賭場，也就是華爾街做對沖基金，二十多年的投資生涯平均年回報率達20％以上，凱利公式因此被投資界信奉。據說巴菲特和老債王葛羅斯 也有參考這個公式。

凱利公式的其實很簡單，要做到長期回報率最大化：有幾件提前要先確定，（1）、是必須長期而且重複的進行投資；（2）、必須確定賠率和贏面，才能決定倉位的大小。它的一條鐵律是除非你能100％確定必贏，否則任何情況下都不能100％的投入全部本金。

凱利公式2

凱利公式運用在股市投資的策略如何戰勝大盤，打敗對手。我覺得在股市裡，股民首先要戰勝的是自已。凱利公式提供給大家的是操作策略，而不是必勝法則。記得，股市裡長期征戰，如果能保持大賺小賠，也是每次操作都考量贏面，設定獲利目標和虧損時的處置方式，決定買進倉位的大小，相信就能比盲目下單提高不少勝率。

首先我們來看具體的凱利公式。我以兩種情境分別來説明這樣大家會比較清楚。

如果有個機會是高賠率，大約是50 %，獲勝的機率是60 %

套用凱利公式的下注金額，也就是倉位大小（%）=Edge（優勢）/Odd（賠率）

優勢 = 期望值（涉及到概率與賠率的計算），講白話也就是贏面

賠率 = 賺錢的比例，例如1的賠率就是報酬率100 %

用實際試算，你看好一隻股票，你認為上升空間是50 %，下跌空間是30 %，上升概率是60 %，下跌概率是40 %。Edge（優勢）= 期望值 =（50% x 60%）+（-30% x 40%）= 18%

Odd（賠率）= 50%

凱利倉位大小（%）= 18%/50% = 36%

又有另一個例子，

機會2：低賠率，高概率

上升空間是20 %，下跌空間是10 %，上升概率是80 %，下跌概率是20 %

Edge（優勢）= 期望值 =（20% x 80%）+（-10% x 20%）= 14%

Odd（賠率）= 20%

凱利倉位大小（%）= 14% / 20% = 70%

從上面的例子可以發現，凱利公式應用在股市的原則就是應贏面大時，應該下大注一點；贏面小、也就是輸面大時就下小注。永遠不可以100 %下滿注。下注的比例要隨著本金的增減同步增減。凱利公式裡的幾個變數在股市裡是很主觀的，包括：上漲的空間、下跌的空間、上漲的機率與下跌的機率。即使台積電，我相信也沒有人可以確定它在某一段時間裡這四項變數的情況，更別說其它的股票了。所以凱利公式只能提供你操作的準則，而不是精準的操作方法。股市如果有100 %精準的操作的法，那不就人人都是贏家了，沒有輸家的市場可能嗎？所以不要天真的以為凱利公式可以100 %致富。

不過，我認為凱利公式提供了很好的股市贏家思維，那才是股民應該體悟的。至於我的體悟有幾點提供給大家參考。（1）、股市操作大賺小賠，長期持續下去才會是贏家，所以要在乎的是贏面，也就是獲利的機率，而不是單筆的輸或贏；也就是操作面上重點是一段時間每筆進出總和的輸贏機率，也就是我先前所強調的贏面；（2）、找尋贏面大的個股操作，避開贏面小的個股，如何選擇贏面大的個股呢？接下來告訴你說；（3）、持續且規律操作，而且每次下注的金額占本金的比例要視贏面大小決定；（4）、一定要設定停利和停損點。如果投資每次股票操作都能更周延的考量，相信長期下來必能提高勝率。

股市之所以複雜，在於它涉及金錢利益，尤其是龐大的金錢利益。

但費雪厲害就厲害在，在他投資的標的中，報酬最少的有七倍，最多的高達幾千倍。費雪十四檔賺大錢的股票持有的周期都很長，最短的都有八到九年，最長的有三十年，巨大的回報，是需要也值得等待的。

第十章
chapter 10

向大師學投資的素養

投資大師、人稱成長股投資之父的菲利普．費雪（Phillip Fisher）曾在一九八七年接受富比世雜誌專訪，談論他的投資哲學。投資生涯超過半個世紀，但費雪真正投資的股票標的只有十四家，數量之少可能隨便一個散戶一個月內交易的標的就超過費雪整個生涯。

但費雪厲害就厲害在，在他投資的標的中，報酬最少的有七倍，最多的高達幾千倍。費雪十四檔賺大錢的股票持有的周期都很長，最短的都有八到九年，最長的有三十年，巨大的回報，是需要也值得等待的。

他的核心選股都是低成本的生產商，在行業中應該是世界級的領導者，擁有前景看好的新產品，且有超越平均的管理水準。費雪在他所熟悉的製造業進行投資，其他領域，比如零售和金融，它們都是極好的機會，但是他並不擅長。

一般投資人常想什麼交易都涉及，但是一個都不精通。例如，二〇二〇年市場爆炒DR股，一堆散戶在搞清楚這些公司的背景，甚至連產品都不知道在賣什麼，就想進場炒短線，最終結果毫不意外的，就是這些DR股溢價過度，被金管會監控，最後暴跌，想賣都賣不掉。

投資人緊張兮兮的想著今天買入，明天就賣出，費雪認為這是最為糟糕的情況。這種小贏的策略，無法真正的為你帶來可觀的財富。真正的長期投資者，收益實際上會大得多。費雪的投資策略就連股神巴菲特都學習，巴菲特就曾說過他的投資哲學85％來自班傑明．葛拉漢（Ben Graham），另外15％就是來自於費雪。

至於另一位大師葛拉漢，影響巴菲特一生的導師，他的投資策略又是如何？

在講到葛拉漢之前，我們先探討。短跑vs.長抱，究竟哪個好？

不論是數據顯示也好，或是費雪的投資觀點也好，都顯示長抱有絕對的優勢。但明白了長抱比較好並不夠，哪檔股票適合長抱，怎麼選標的又是另一門學問，它決定了成敗。

以台股為例，真的有這種持續上揚的慢飆股嗎？

當然有，那就是護國神山台積電。把K線拉長點來看，從二〇〇九年到二〇二一年二月中，台積電的股價就沒有真正進入熊市過，這不就是所謂的慢飆股？但偏偏這麼優秀的公司，體質良好、未來成長力更好，卻不受本土台灣人的青睞。國發基持股金台積電從過去的43％賣到6％。二〇一七年時，台積電市值是5.5兆，幾年下來已經超過15兆，短短三年翻了好幾倍，卻都被老外賺走了。台積電動用台灣最優秀的人才、水、電、資源，結果外資什麼都不必做，持股70％以上坐享台積電股價上漲和固定配息。散戶人人都想要買飆股，賺個5％、10％就想跑，卻錯過了長期持有優質股的驚人報酬，真的相當可惜。

至於巴菲特亦師亦友的葛拉漢如果生在今日，他又是如何進行投資的呢？會買進台積電嗎？

葛拉漢與費雪投資方式大不相同。

葛拉漢被公認為是證券分析之父和價值型投資發明者，他更擅長利用自己發明出的數種公式及原則，並且運用投資標準來評估企業及股票的價值。

葛拉漢的核心原則有三點。

（一），葛拉漢建議投資人採用經營事業的態度進行投資。也就是將投資視同收購企業的部分所有權，同時強調研究企業財務報告，並且以充分的理由和邏輯來做判斷的依據。

（二），買進具有安全邊際的股票。所謂的安全邊際是一種簡單但重要的投資概念，所指的是投資人購買股票時，股價與所評估價值間的差距。假設某支股票價值100元，而投資人在市場以80元買到，那麼這檔股票的安全邊際就是20％，算法為股票價值減去買入價錢再除以股票價值。安全邊際愈高，在股價下跌時愈能降低虧損。

（三），就是比較玄學的心法了。葛拉漢瞭解股市會受投資人情緒的影響，因此強調理性思考，在股市大漲大跌時，情緒的控制顯得格外重要。在股價重挫的空頭市場中，有些投資人會因恐慌而拋售持股，但相對價值型投資人而言，這反而是買點，只是在連番重挫時進場並非簡單事，需要一定勇氣及紀律，也就是所謂的心法，但這也是最難的，需要在市場打滾一定的時間才能體會、甚至做到。

（四），此外，葛拉漢也建議個別投資人採用成本平均法定期投資，也就是定期定額。運用這種策略，當股價低檔時，投資人可買進較多的個股股數或共同基金單位數；反之，高檔時買進的則較少，股價暫時性的下挫對投資人而言是有利的，因為可以以同等金額買進更多的部位，最終在賣出這筆投資時，投資價值高過平均成本就會獲利。葛拉漢在選股時，他會以比價方式尋找價值被低估的股票，除非自認已掌握充分資訊可以做出明智的決定，並確定標的公司符合投資標準，否則，他絕不輕易購買任何股票。這兩位投資大師的想法提供給你參考。

到底要如何在股市賺錢？學習特定的操盤方法，真的能賺錢嗎？

首先，進入股市就是要賺錢。如果大家都賺錢，那誰賠錢？

第十一章
chapter 11

交易策略的思考

股票要學的東西太多了！基本分析、技術分析，經濟宏觀與微觀面也要研究。這些都搞懂後，還不見得會賺錢。但股票又是最好的投資工具，好像跟先前所提的複雜的、又內幕重重的特性相反，令人無所是從。

到底要如何在股市賺錢？學習特定的操盤方法，真的能賺錢嗎？

首先，進入股市就是要賺錢。如果大家都賺錢，那誰賠錢？

金融工具很多設計是零和遊戲，例如期貨，買多跟賣空的人，最終，有一方面要把錢賠給另一方；賺或賠，要看你是否站對邊。期貨和選擇權，以及權證，這些衍生金融工具都是標準的零和遊戲，沒雙贏這一套。

股市雖不是全然的零和遊戲，但也差不多。股市大多頭時，很多人會賺錢，賺什麼錢？並不一定是輸家賠的錢。因為多頭行情，股市上漲，股票市值在膨脹，這種膨脹下的財富擴增假象只是一時的。例如，台積電如果從500元一路漲到600元，這過程中沒有一天下跌，那麼除了放空台積電的人賠錢，買多台積電的人都賺錢，但放空者總是少數，買多者是多數，放空和買多不會同等數量，可能放空的少很多，所以這時買多的人賺的錢就是股價，也就是個股市值膨脹下的結果。如果買多的人沒有賣出，也就是實現獲利，那麼這種財富擴充的效應就停留在帳面上，帳面上的獲利不是真的獲利，只有賺錢賣掉的股票才是真的實現的獲利。

如果那天台積電從600元又一路跌到500元，過程中也是沒有一天漲過，那之前買多的人都沒賣，回到500那天，所有買多的人都白玩一場，財富來去一場空。股價膨脹後又縮收，就像吹泡泡一樣，膨脹到最大後爆破或消退，眾人在股市的財富就跟著爆破和消退。

所以我說，股市並非完全零和遊戲，但它終究是賺了又賠掉，賠了又賺到，跟零和遊戲也差不了多少。

好的股票是很好的長期投資工具：超長線投資的想法

二〇二〇年雖有世紀大疫情，但全球股市受衝擊暴跌後，最終一路大漲，出現了意料之外的大多頭走勢。但不少散戶抱持著「有賺就跑」的心態，選擇賺個波段價差獲利5％、7％，就獲利了結，也有人選擇持續持有，長抱手中持有的股票。

究竟短進短出和長期投資，哪個方法會是投資贏家？當然這個問題有很多變數影響最終的答案，但如果我們以美股標準普爾500指數的近三年，以及長達百年的數據來分析，答案就很明白了。

美股二〇一七到二〇一九年的市場資料來看，比較賺了跑與長線投資人的最終報酬率。第一類，也是大多數投資人是賺了就跑的，獲利5％、7％就獲利了結，相比第二類不停利、長期持有的投資人，累積報酬率還要高出了將近10％。

短跑停利同時還要面臨兩個問題。第一是交易手續費，設定的停利目標愈低，會觸發愈頻繁的交易。交易愈頻繁，愈會侵蝕投資報酬，以致產生愈多費用。

第二是空手的時間愈久，錢滾錢複利效果愈差。而且，如果是市場意外強勁上漲時，找不到回檔點進場，很有可能就再也找不到進場點，只能空手看著股票上漲。

再來，以過去將近百年的資料，來看看持有時間比較長，會不會對投資有幫助。大部分喜歡短線買賣的人，認為短跑比較安全、賺到就跑，風險低比較不容易賠錢。但事實剛好相反，持有期間愈短，愈容易賠錢。標普500指的回測顯示，持有三個月和持有三年相比，短線操作在過去近百年裡有37％的機率可能賠錢，而長期持有賠錢的機率是22％，同時投資報酬率的波動度也大幅降低

我的股票投資要訣

無論長跑或短跑，統計數據如果放一旁，股票的策略思考包括：

第一，是順應趨勢下找對主流股。

第二，是錯了就認錯，停損換股，決不硬拗。最近好友杜紫宸兄傳來一則簡訊，大意是說二〇二〇年，台股投資人兩樣情，買到大立光的人，如果不停損就得垂淚看著股價一路破底；相對買到台積電和聯電的人，是一路拍手看股價向上攀升。經過比對這三檔股票二〇二〇年來的價位變動，驚人的事實是，二〇二〇年中買一張大立光的錢，如果去買了聯電，年底把聯電賣掉，可以換回五張大立光，大立光還是大立

光，五張跟一張差很大呀。

大立光在二〇二一年開年的第一周，股價依舊疲弱，先是公布了二〇二〇年十二月的營收還是不理想，出現了年比月比的雙雙衰退，接著法說會上，執行長林恩平不但沒給出好消息，甚至還預期今年第一季步入淡季，二〇二一年一月不會比二〇二〇年十二月好，二月農曆年表現受工作天數影響不會好，三月則是看不到。

受到接連利空打擊，大立光新年第一周股價大跌155元，跌幅4.85%。相對第一周大盤加權指全周大漲近5%，手握大立光的朋友心中有多難過可想而知了。股市向來是賠錢買經驗，沒賠過是鬼扯。但要命的是，賠了錢還學不到經驗。

買對就一路抱，買錯就停損，換趨勢向上的股票

我在股市的經驗是，股票要賺錢，第一要做對趨勢股，第二買錯要捨得認賠。斷捨離不僅是佛家的話，用在股市上也很貼切。以大立光、聯電和台積電三檔股票二〇

二〇年七月一日到二〇二一年一月八日這大約半年來的k線走勢圖可以明顯分辨出誰是趨勢股，誰又不是。半導體雙雄的股價一路創新高，但大立光卻一路創新低，這就是趨勢。

所以請大家記得，股市裡創新高和創新低就是趨勢辨別的重要訊號。

不尊重趨勢，財富水位經過時間的考驗就會差大。我分別以二〇二〇年七月一日至二〇二一年一月八日來的這三支股票的價位變化為例驗證財富的變化。大立光這段時間股價從4200跌到3040，波段跌幅是27.6%，台積電從317.5漲到580，漲幅是82.7%，聯電更是從13.1暴漲到47.85，漲幅高達265%。二〇二〇年在4200買一張大立光不算手續費要420萬，當時一張大立光的錢可以買三百二十張聯電和十三張台積電，如果你那時是買大立光不停損，一張現賠百萬，但那時420萬買台積電半年後變成754萬，買聯電變成1531萬，等於賣掉台積電半年後可以換回二．四八張大立光，賣掉聯電更可以換回五張大立光。

至於何時是買大立光的好時機。首先先要讓我看到大立光的股價不再破底，也就是二〇二〇年2945元的低點不破，只要個股價位三個月不破，我才覺得大立光的底部成型。其次，就是大立光的毛利率要能回升，營收要能成長，而且匯損的問題要能減輕。

毛利回穩代表大立光的產品價格止跌了，或是產品結構調整好了，這很重要，因為它影響了EPS的高低。營收回升也代表訂單回來了，產能利率上升了，如果它伴隨毛利回升，EPS就自然能上升。最後就是從二〇一九年以來，困擾大立光的匯損問題還在不在。二〇二〇年大立光單是匯損就吃掉EPS13.53元，相當股本1.4倍左右，損失也相當大。

大立光是很優秀的公司，但二〇二〇年以來，趨勢不在它身上，這也是沒辦法的事。做為大立光的經營者沒有選擇只能更努力的去突破，但做為大立光的股東，就不是沒選擇呀，股價一路跌就代表大立光的股東是一路賣呀。

存股的思考

存金融股是許多人的目標，不少朋友想說存個五百張第一金做為退休目標。第一金每年大概可以配息1.5元左右，五百張一年就有75萬股息收入，再加上勞保、勞退金應該可以過個不錯的退休生活。第一金股價如果是21元左右，500張就是1000萬，這也是台灣大多數人退休金的目標數字。那要如何存到1000萬價值的金融股呢？但也有人會問，金融股二〇二〇年股價一路下跌，但台積電一路上漲，如果要存股，是不是存台積電更好呢？

無論是存股台積電或是金融股，首先要有的心理準備是不要在乎股價的短時間漲跌。如果你會看盤，每天心情會隨著股價起伏的人，那可能不太適合當存股族。例如，股東人數超過四十萬人的第一金，二〇二〇年除息後股價一路下跌，從波段高點24元左右跌到20元才止跌，足足跌了20％，如果你存了五百張第一金，等於從八月初到十月底就賠了200萬，1200萬變成1000萬，才兩個月時間，肯定心裡很煎熬。

可以存金融股做退休規劃嗎？

到底存金融股做退休規劃好不好？這個問題要回到提問人本身。如果打定主意存金融股就不要改變計劃、三心二意，理財投資是必須堅持走下去才能成功；第二，存股要有步驟和方法，並定時檢視目標和進度；第三，過程中股息再滾入是重要原則，最後當然是選對標的存股。

如果三十歲開始存股計劃，目標六十歲退休存到五百張第一金，一年要存17張左右，差不多要35萬，每個月就要省下3萬，對小資族而言好像很困難。不過不要灰心呀，退休規劃最重要的就是踏出第一步，沒第一步就沒第二步。就像巴頓將軍說的名言，做就對了。要知道開始存股後，每年就有股息收入，股息收入就可滾入再投資，這樣會愈存愈輕鬆。

假設你已經存到了十張第一金，一年股息收入幾乎就可以買一張股票了，如此下去就會愈存愈多。就算一年存五張也沒有關係，存兩年就有十張，存到第三年就可以用股息買一張，等於投入本金不變，到第三年就會有十六張第一金，第四年就有二十二張，第五年就有二十八張，第六年就可以用股息滾入買到兩張第一金，第六年就有三十五張了。我用年金複利終值來計算這種存股效率，以三十年為目標，假使每年存10萬，利率5％，這大概是第一金的股息殖利率水準，算下來會有660萬，也就是三百三十張第一金。

如果每年提高到20萬，就會有1300萬，超越了退休目標值1000萬。看到這裡是不是信心來了呢？至於第一金是不是最好的存股標的就見人見智。如果以股息殖利率來說5％是還不錯的，股價方面第一金還算穩，重點是它的經營績效也穩定，但是每年股價還是有高低點不同位階。記得存股要買在股價低的時候，通常金融股都是除息前股價最高，除息後三個月左右股價會最低，也就是每年十月底到十二月去買進最好，除息前價高時不要買，這樣才可以節省本金支出，達到最好的存股績效。

最後存台積電也是很多人的目標。台積電雖然不錯，但股價相對高很多，股息殖利率只有2％多一點，複利效果不是很好，相對股價波動也大。所以存台積電目標在看好它股價上漲的資本利得，也就是台積電存股策略是要用波段高低點賣出買進，賺價差，但第一金是逢低買進不要賣出，兩者方法不太一樣喔。

但是金管會已經通知第一金控高層把第一銀行列入第六家的大到不能倒銀行。布。咋聽之下，好像是要告訴社會大眾第一銀行是間大銀行，是台灣六家最重要的銀行之一，應該是好事一樁。但第一金控高層聽到這個消息卻有苦說不出，第一銀行的小股東也都高興不起來。這到底是怎麼回事？

第一金有超過三十萬的股東數，是不少投資人鍾愛的存股標的，例年配股配息穩定，許多退休族都把它當年退休的依靠。也的確第一金的經營績效穩定，股權結構健全，營運一直上軌道，當成存股退休老本也安穩。但一項利空消息硬是讓第一金的股價承受壓力。那就是金管會確定把第一銀行列入所謂大到不倒銀行之列。

所謂大到不能倒銀行是怎麼回事呢？二〇一九年金管會公布了「系統性重要銀行」（D-SIBs）名單，總共有五家銀行上榜，包括：中國信託、國泰世華、台北富邦銀、兆豐銀及合庫銀。

「系統性重要銀行」簡單說就是大到不能倒的銀行，新措施二〇二〇年一月上路，被列入的苦主，將要求額外提列4％的資本，普通股權益比例，第一類資本比率以及資本適足率分別要拉高到11％，12.25％和14.5％，金管會知道如果要這些銀行立刻執行達成有難處，所以給了四年達標的時間。第一銀行二〇一九年沒入列，但二〇二〇年躲不過。從第一銀行二〇二〇年第三季的三大資本比率，各為10.7％、11.22％及13.2％來看，其中資本適足率就還有1.03個百分點差距，頭大的第一金高層正在研究如何在四年內達成這三項要求的標準其中的辦法之一，也就是要拿獲利的一部份來彌平相關資本要求差距，這樣自然第一銀就沒辦法充分上繳獲利到金控，小股東當然會擔心二〇二一年配息會縮水。

另外，以二〇二〇年第三季其他幾家大到不能倒銀行的自結數據來看，這五家重要銀行的三大資本比率也未能都能達標，中信銀、北富銀和兆豐銀部分資本比率未達標。至於合庫銀三項資本比率全未達標。

二〇二〇年下半年來，各家銀行與金控都感受到金管會的關愛眼神，由於理專A錢的負面消息頻傳，在最新實施的銀行壓力測試還特別加入了理專舞弊條款。金管會明白表示，如果壓力測試不過的銀行將會被要求調降股利。看來金融存股族擔心的股息縮減的風險真的一步步浮上檯面，而不止是馬路傳聞而已。

針對金融存股族擔心的股息縮減，金管會出來滅火，強調並沒有要金融業不發股息，只是希望金融業超前部署，預防資產品質改變。金管會雖然說的很中性，但實際做法上確實是給銀行不小壓力。

二〇二〇年年底發布的公版壓力測試，條件設定上就比以前加重許多。例如，新增了理專舞弊條款，增提0.4倍作業風險資本，作為嚴重情境，另外增提0.2倍作業風險資本的輕微情境，來測試銀行如果出現舞弊事可能造成的損失風險。其他測試重點還有以台灣、美國、歐元區、大陸及日本的經濟成長率下滑為條件，金管會強調這固部分會特別「加壓」，也就是比前一次二〇一八年公版測試，用更嚴格的數字來測試。

金融業的壓力測試並不是新鮮事。銀行業在二〇一〇年、二〇一六年、二〇一八年都已作過公版壓力測試。二〇一四年和二〇一五年也針對房貸、營建業放款及大陸曝險，進行壓力測試。保險業在二〇二〇年底第一次進行公版壓力測試，測試結果需要在二〇二一年四月底前呈報金管會。對金融業來說，雖然不是第一次做壓力測試，但這一次的壓力卻是最大，而且金管會訂在四月底前完成擺明了就是要在各家銀行和金控的年度股利政策出爐前交券，考試不及格的業者，金管會已經明白表示必須增資和調降股息和降低高險資產部位來因應。

金管會宣布壓力測試公版的同時，也宣告把第一銀行列入六家大到不能倒銀行之列，使得二〇二一年第一金的股息政策大受挑戰。金管會的一連串做法，當然是在強化銀行和保險公司體質，但看在金融存股族眼裡，擔心的卻是強化體質與少發股利就劃上了等號。其實銀行股發放股息本來就受到不少限制，包括銀行法第五十條明文規定銀行賺的錢，必須先提撥30％作為盈餘公積，只有70％可以拿出來發股利，而且如果「法定盈餘公積」還沒達到資本總額，也就是股本時，只能以股本的15％作為現金盈餘分配的上限，講白話就是股息最多只能配發1.5元，這也是為什麼只有少數的金融股配息能超過1.5元的原因。

以二〇一九年全年股息超過1.5元的金融股就只有玉山金、兆豐金、國泰金、富邦金和上海商銀五家。京城銀的股息剛好是1.5元，配發率50.17％，京城銀在二〇二〇年法定盈餘公積達到了股本，二〇二一年，京城銀的配息就超過1.5元。

至於金控配發股息要特別去看帳上未分發盈餘餘額，餘額愈高的愈有能力穩定配息。例如兩大金控龍頭，國泰金與富邦金為了應付即將實施的新會計準則，旗下的保險公司都得增提大量的特別盈餘公積與法定公積，所以都無力上繳股息給金控，所以在配息上都靠未分配盈餘來支應。以未來的情況演變來看，金融業要維持高股息殖利率可能會日漸困難，除了利差空間愈來愈小外，外部監管條件愈來愈嚴格和白熱化的競爭，都可能會使得EPS和股息配發率限縮。這可能是長期存股族要留意的。

長期投資國泰金富邦金的投資人可能會感嘆，這兩家公司存股股息還可以，但股價就是不會漲。二〇二〇年兩家金控龍頭前獲利情況都大好，股價終於從二〇二〇年第四季起漲。

長期來投資人會問為什麼壽險股利多不漲？壽險股的投資人真的只能賺股息沒差價嗎？

長期來看，富邦金二〇一五年股價最高來到69元後，就長期只在40到60之間；國泰金二〇一〇年之後，就再也沒見過60元之後的股價。

探究股價不動的原因，我認為兩家金獲利都不差但配息政策保守，配息率長期都在四到五成，也就是只拿出一半的獲利發給股東，以兩家金控股價都在50左右，股息殖利率有4~5%，算是達到了台股整體殖利率水準。但依照這種股息，如果股價上漲，股息殖利率馬上下降，所以股息推不動股價應該是原因之一。

至於兩家金控配息政策保守的主因之一就是二〇二六年即將實施的ifrs17，這個被業界稱之為大魔王的國際會計新準則造成了壽險業極大壓力，因應利差損的全揭露，壽險公司必須要大量提存盈餘應付未來的大量增提準備金，所以二〇二〇年全體壽險賺到的上千億恐怕都全部要留在帳上。以國壽而言，二〇二〇年提存595億元特別盈餘公積，加上法定公積67億元，共提662億元，創歷年最多提存金額。難怪國壽雖然獲利創歷史新高，但已連續兩年股利掛蛋。富邦壽也一樣，二〇一九年法定盈餘公積與特別盈餘公積提列加總也達到300億，龐大的增資壓力是壓抑壽險股股價的主要原因。

就被外資大砍持股下，從 679 一路下跌到 591 才止跌，短短幾天跌幅將近 13%。所以對於股市來到高點，不能只一股腦的樂觀，沒有一絲絲戒心。

第十二章
chapter 01

牛年股市的思考

鼠年台股大盤加權指數大漲超過3000點，漲幅達到三成，台股成為全民焦點，上市公司市值突破40兆台幣大關，成交量與日均量雙雙創下歷史新高紀錄。股民期待牛年也能繼續發財。

不過，大盤從鼠年底點，指數已漲升一倍左右，高基期下小心巨幅震盪。回顧台股歷史上的牛年必有大事發生。細數前兩次牛市，也就是一九九七年和二〇〇九年，全年指數振幅都超過50％，二〇〇九年的大盤震幅甚至達到將近90％。牛年想在股市賺錢，恐怕安全帶得綁緊了。

鼠年對股民來說，是倒吃甘蔗的一年，雖然鼠年開紅盤股市就來個大跌近700點，三月疫情全球爆發下，美股崩盤，加權指一度急跌到8523點，但股市終究在全球各國央行的全力救市，史無前例的大規模開動印鈔機下，得到救贖。整個鼠年股市在三月見底後一路走高，封關在15802點，鼠年加權指上漲了3683點，漲幅剛好是三成，大家如果抱對股，相信賺錢少不了。

不過，二〇二〇年一整年，股市振幅高達52％，說實在的，也是大起大落的一年。俗話說，殺頭的生意有人做，賠錢的生意沒人做。股市有錢賺，加上全民有退休的危機意識，大家都往股市裡衝。鼠年股市全年成交量衝到將近50兆與日均量超過2000億都創歷史新高，熱度可見一斑。

展望牛市，我認為，目前多頭趨勢仍然不變，畢竟美股、台股都還沒看到敗象，市場人氣和資金仍然充沛，景氣也在好轉，疫苗的出現更帶來希望，股市沒理由不繼續漲。只不過，大盤指數從二〇二〇年底點已足足上升了快一倍，好的股票價格已經不低，例如台積電從鼠年的333元，已經漲上600，鼠年漲幅89%，聯發科鼠年股價也漲了126%，買一張台積電或聯發科動輒就要六十萬到百萬。股價你說便宜嗎？但是台積電跟聯發科會不會繼續漲，目前看起來答案好像又是肯定的。為什麼？因為它們不單單是台灣最好的半導體公司，甚至也是全球數一數二好的公司，法人給它們的估值和評價都很高。如果你相信大盤還有更高點，台積電跟聯發科就不可能不領漲。

但話說回來，再好的股票也不是不會跌，例如鼠年封關前，台積電就被外資大砍持股下，從679一路下跌到591才止跌，短短幾天跌幅將近13%。所以對於股市來到高點，不能只一股腦的樂觀，沒有一絲絲戒心。

再來從台股歷史上歷次牛年來看，似乎也暗示著牛年並不是好過的一年，當然歷史不代表會重複發生，但過去四次牛年都有大事發生。

一九七三年牛年全球爆發了第一次石油危機，一九八五年發生了十信風暴，一九九七年亞洲金融風暴，二〇〇九年又是美國次貸風暴，四次牛年，不是全球就是台灣本土發生風暴危機，這種巧合出現的太詭異。看到過往的歷史，無論如何讓我多了一分對牛年股市的戒心。

太遠的不說，單就最近兩次牛年的股市來看，一九九七年大盤的高點是10256，低點是6789，開盤點6806，當年收盤8187，全年走勢是一月走高到八月，隨後出現九月和十月的連兩月爆跌，最後兩個月再拉升的格局，全年指數振幅，剛好50％。

如果你覺得一九九七年台股很精采，那二〇〇九年就更令人讚嘆了。當年指數高點在8188，低點4164，開盤點4725，收盤8188，全年大盤高低點達差到誇張的87％。這一年股市是一路直上，幾乎沒有拉回的大漲多頭年，但原因是基期低呀。此前二〇〇八年台股慘跌整年空頭行情一路直下，全年指數大跌了3915點，跌幅高達46％。因為前一年的大跌，才有隔年的反彈大漲。回顧這兩次牛年台股的歷史，可見大盤基期高或低對全年的走勢是很關鍵。我相信牛年股市仍有利可圖，但巨震難免，小心操作，多一分戒心，是我給大家牛年股市的建議。

由台積電看二〇二一年大盤的方向

台股大幅回跌，加權指數從一月二十一日本波段的高點，也是當時歷史高點的16238，一路急下到一月二十九日的15238，才七個交易日就下跌了足足有1100點，跌幅大約是6.7％。但是台積電卻在同一時間，從679元的天價，跌到了591，下跌了88元，跌幅是12.9％。二〇二〇年以來台積電股價領漲大盤，有了護國神山的封號，但這次的跌幅為什麼幾乎是大盤的一倍之多呢？

台積電的大幅下跌，當然是賣壓沈重所造成的。誰在賣？答案很明白，就是外資。外資從一月二十一日到二十九日天天大賣台積電，總計大賣了168142張。外資在600塊之上大賣台積電，單只這近17萬張，就從台股套現了超過千億台幣。台積電能否止跌，完全要看外資，因為即使外資狂賣近17萬張，目前總持股還有1965萬多張，17萬張的占比還不到總持股1％呀。外資持股占台積電股本超過75％，從股權結構來看，台積電是世界的台積電，不是台灣的台積電。

可能很多朋友會問，台積電那麼好，擁有全世界最大的晶圓代工產能和一半的市場占有率，二〇二一年車用晶片缺貨，連德國都得透過外管道來拜託台積電撥出產能幫忙生產。外資給予的目標價不是800就是1000，為什麼要600就要狂砍台積電呢？這個問題，我想從幾個方向來講。

首先，台積電雖然長線願景看好，但短線上漲過速，漲幅過大，從本益比河流圖來看，台積電目前即使下跌了超過一成，仍明顯偏離長線25倍本益比相當多。當然台積電有本益比調升的空間，如果以30倍本益比計算，預估未來十二個月的合理股價是690，但如果回到台積電過去五年本益比均值的21.9倍，那台積電預估未來十二個月的合理股價就會落到只有506，台積電二〇二〇年EPS 19.9元，預估今年會上升到23元。

所以股價用23為基礎去乘30倍和21.9倍，分別可得出690和506數字。690和506

差距很大，所以如果以本益比修正角度思考，就看外資心中真的給予台積電的估值是什麼了。另外，台積電的股價乖離河流圖也顯示台積電年線在 400 附近，漲到 670 乖離年線到了誇張的 67 %，修正到 591 仍乖離年線 47 %，回到 40 % 乖離率股價是 560，30 % 是 520，30 到 40 % 是去年第四季台積電的股價區間。

從外資的買賣超也可以明顯發現，外資是從 580 以上明顯大賣台積電的，二〇二〇年第四季台積電股價從 430 漲到 500 左右，外資並未出現這麼明顯的賣超情況。所以我的結論是外資不是看壞台積電，而是短期的策略性賣出。

車用晶片缺貨凸顯出台積電、聯電等台灣半導體產業在全球的重要的戰略地位。彭博社甚至以全球晶片缺貨對台灣依賴程度達到危險等級為標題，發表看法。經濟學人更以台韓晶片等同二十一世紀的荷姆茲海峽，形容台韓半導體產業如同原油般成為極為重要的戰略，或是民生不可或缺的物資。

看到國外重要媒體對台灣半導體的重視，我倒是覺得有喜有憂，喜的是台灣能見度大幅提升而且重要性與日俱增，憂的是國際上對半導體的供需既然已有危機意識，就會想辦法解決這個問題，不是扶植這個產業的自主能力，就是扶植台積電的競爭對手，例如三星或英特爾，以對台積電制衡，或是採取反壟斷手段。這些對台積電長期發展都是可預見的挑戰，所以對於國際上這種對台灣的評論，我們應該如臨深淵的去看待，而不是沾沾自喜。

二〇二一年看好的產業

微軟公布二〇二〇年第四季財報，營收創下史上單季新高，其中雲端業務大爆發是主因。無獨有偶的，亞馬遜的財報也出現了史上首次單季突破了千億美元大關，雲端營收增幅也將近三成，成為亞馬遜最賺錢的利基。一場疫情使得遠距的各種應用快速推展，促成了雲端業務的大爆發。我認為牛年投資，雲端相關的台美股票是不可缺少的組合。

微軟股價在二〇二一年前兩個月一反過去的溫吞，表現相對強勁，突破盤整區間的210到220美元，一舉攻到了240美元之上。我認為微軟這一波的漲勢最主要是反映財報的利多。微軟二〇二〇年第四季財報顯示，當季營收 431 億美元，創下史上單季新高，其中商業雲業務營收激增 34％，達到了 167 億美元，占當季總營收的 39％。美股分析師甚至預估，隨著雲端運算的發展，二〇三〇年微軟商業雲營收金額可望飆破 3000 億美元大關。

微軟雲端業務大成長，一方面是它的競爭力，當然也拜市場大幅成長之賜。根據市場研究機構 Canalys 的報告，二〇二〇年第三季，全球雲端基礎設施服務市場規模年增高達 33％，規模是 365 億美元，再創歷史新高。其中三大天王是：亞馬遜 AWS 以 32％營收市佔率位居龍頭，其次是微軟 Azure 19％，Google Cloud 以 7％位居第三。不過雲端業務的老大亞馬遜最新財報雖然營收史上首見突破千億美元，達到 1255.6 億美元，年比成長了 44％，其中雲端營收年成長 28％，達到 127 億美元，但不如市場預期的 128.5 億美元。這也難怪相較微軟股價的強勁，亞馬遜股價二〇二一年第一季走勢相對遜色，一直處在盤整區間。

細看亞馬遜財報，1255.6 億營收主要收入是電商，但卻不是最主要的獲利來源。亞馬遜上千億營收下，淨收入是 72 億美元，其中大約一半——35.6 億美元是來源雲端。這也能想見為什麼貝佐斯卸下ＣＥＯ，接棒者就是亞馬遜AWS的負責人賈西。微軟和亞馬遜火拼雲端業務下，谷歌也積極備戰，只不過對谷歌而言，雲端業務仍是賠錢貨。谷歌三年來雲端業務累積虧損達到146億美元。

谷歌之所以虧損，主要原因是起步太慢，相較亞馬遜二〇〇六年起步，谷歌是二〇一一年才開始，足足晚了五年。目前谷歌仍在花大把銀子建立雲端數中心等各項基礎建設。綜合以上的分析，我對美股雲端三巨頭的投資排序是微軟、亞馬遜和谷歌。優選當然是微軟。至於台股雲端商機在硬體，我主要看好的是雲端半導體的各種應用的晶片和伺服器。其中相對看好的是晶片產業。

二〇二〇年底，台股千元之上的個股已經高達七檔，加上二〇二一年後，聯發科突破千元，形成史上首見八千金的多頭局面。至於曾經突破2000元的個股共有大立光、矽力ＫＹ、祥碩和信驊，其中祥碩和信驊就是標準的雲端晶片概念股；其次，股價曾在1300之上有的譜瑞ＫＹ，也是雲端概念高速傳輸的概念股。這些個股能動輒上升甚至上兩千，股價上升的動能絕非散戶而是法人和主力大戶。

法人看好它們也是著眼於未來雲端快速成長的商機，但這些股價隨便買一張都要一、兩百萬，散戶恐怕只能買零股，不然也只能在場旁看好戲而已。其中，我認為譜瑞、信驊和祥碩各有利基，譜瑞在三家中股價最低，它做的是筆電、平板高速傳輸介面，信驊是雲端伺服器遠端管理晶片，全球市占率極高。至於華碩轉投資的祥碩是超微的合作伙伴，它的高速傳輸介面組晶片隨著超微崛起也大幅成長，算是標準的超微概念股。這三家股價二〇二〇年全年漲幅，分別是譜瑞80％，祥碩138％，信驊78％，股價以月線而言都是一路上升，而且月K線都是貼著季線上升，也就是如果牛年它們還是多頭指標，拉回季線就是可以逢低撿便宜的時機。

興櫃轉上櫃股又如何

二〇二〇年多檔股票由興櫃轉上市櫃掛牌後蜜月行情不如預期，股價出現連續大跌走勢，相較之前在興櫃的價格差距甚多，讓不少好不易容公開申購中籤的股民大失所望，甚至不少掛牌後蜜月期搶進股票的投資人也慘遭套牢。經由這一課，投資人應該從中學到什麼？

二〇二〇年七月一日由興櫃轉上櫃的東典光電，在上櫃掛牌當天曾一度飆高到162.5元，但如同曇花一現的股價不再強勢，從七月一路下跌至十月最低的73.4，大跌了54％，其中連像樣的反彈都沒有，股價弱勢的可以。同樣的故事，出現在二〇二〇年九月十七日掛牌的亞洲藏壽司，只不過更誇張的是，藏壽司掛牌當日就比前一日興櫃股價暴跌了43％，隨後股價走勢也相當不振的跌，直到十月初跌到73才止跌，較九月十日興櫃出現的最高價325.5，足足跌了77％。

結果故事還沒完，九月二十日與十月十二日掛牌上市櫃康全電訊與汎德永業同樣出現興櫃轉上市櫃後股價表現天南地北的情況。康全上櫃後跌到50.5止跌，之前興櫃最高價是113.5，股價打了對折還不夠，汎德轉上市前在興櫃拉到427.5，雖然打著代理名車的招牌有業績保證，但上市後股價照跌不誤，一路也跌到了261，還好沒打對折，但也跌掉了近四成。不少投資人滿頭霧水大問怎麼了？其實，經濟心理學早告訴我們錨定理論。所謂錨定理論說的是人們會依照第一印象去判斷價格，凡是股價也好，商品價格也好，人們對它們價格的認定會以最初的印象設定，就好比錨沈在海裡定住一樣。至於股價會一直下跌，跟股價會一直上漲的道理一樣。就是有人一直在賣或一直在買，買賣方的力道看那方大，就會主導股價的方向。這些股票會一直跌就代表掛牌後有人一直在賣，在供給股票給買方。至於買方為什麼會買？其中原因之一，可能就是參考了興櫃之前的股價以為是撿到了低價吧。要知道興櫃交易制度與上市櫃不同，興櫃是採取議價交易，而且買賣價差可以達到5％之多，單日又沒有漲跌幅限制，所以興櫃的股票很容易做價。

二〇二〇年，生技股狂飆時就曾出現興櫃裡的生技股單日漲幅100％的紀錄，但最後股價一樣回歸平靜。所以興櫃的最高價絕對不是買入參考價，這一點一定要知道。興櫃轉上市櫃有所謂三步曲，第一步是競拍，第二步是公開申購，第三步是正式掛牌蜜月期。內行人都知道，如果要做一檔興櫃股票的價格，在第一步競拍前要壓低股價，以訂定競拍底價，因為依據法規，競拍的底價是以三十天的興櫃均價打七折為上限，這個價格也會連動申購的承銷價。一般而言，競拍底價乘以1.2～1.3倍就是承銷價。競拍和承銷價低，能拿到股票的人就有價差和利頭。之後如果這檔股票在興櫃大漲，就能拉開比價空間，股價大漲引起媒體報導之後，蜜月期要賣不賣就看手上已經有股票的人決定了。這也是為什麼轉上市櫃後這些股票都爆出大成交量的原因。這三步曲都是依照錨定理論的腳本編寫的。所以，買進類似劇本被套的投資人可就要想一想初當初買進的動機了，是不是受到錨定理論的影響。這一課是值得學的。

股市就是這樣，賺了快錢，就覺得其他賺錢的方式太慢又太辛苦。如果股民沒有清楚的人生目標和信念，很容易迷失在金錢遊戲之中。

第十三章
chapter 13

由我的人生體悟
給老中青的理財及人生建議

給老中青的理財及人生建議

我的股票啟蒙者是我母親。她這一輩只做過兩個工作，進華南銀行前，在一家輪船公司工作，但真正工作一輩子的是給了華銀。銀行員很少不玩股票的，母親當然也不例外。一九八六年到一九九〇年，台股第一次萬點行情，別說銀行員有多瘋股票了，簡單就是全民瘋股。還記得當時有一天，媽媽一回家就拿出了一大疊的現金一共是二十萬，我幾乎不曾看過這麼多錢。我問她錢從那來的？要這麼多幹什麼？她回答說，股票賺來的。叫我吃過飯陪她去買車。就這樣，母親人生第一台車，一部三陽喜美斜背式二手車，就這樣牽回家了！

從此之後，股票，這兩個字就沒有離開過我的腦海！

一九八九年，台股最瘋狂的那一年，我正好從軍中退伍。當兵那段日子，股市正好，我無緣參與。只有眼巴巴的一有機會在部隊裡看到電視新聞時，看一下有沒有股市的新聞報導。好不容易等到饅頭數完退伍，台股第一次的萬點行情已經近尾聲，就快到最後的煙火行情了。

我父親後來進了利華羊毛公司，老闆是熱愛圍棋的應昌期。應昌期是台灣早年很厲害的實業家，利華羊毛、華夏塑膠都是他創辦。目前台塑敦北總部六千坪土地，最早也是他跟王永慶合資買下的，當時準備蓋飯店，但後來因故應昌期退出，才成了後來的台塑總部。利華羊毛很早就掛牌上市至今，當然公司裡的職員也是人人炒股。我爸自然也不例外，一九八九年股市最後的煙火階段，行情瘋狂到幾乎所有股票開盤五分鐘就漲停，我爸是滿手股票，可說是日進斗金。

那時我剛退伍，看到台灣一片全民皆股金錢遊戲的風氣，感到很奇特。眾多炒股的人中有一個我的同學，他因為體位不用當兵，退伍後大伙聯絡下才知道我在軍中兩年，他老兄炒股了兩年，沒工作過半天，靠家裡給的一筆錢天天炒股炒的快樂似神仙，聽得我好是羨慕。當時的社會氣氛是天天股市大漲，內需景氣好的不得了，餐飲娛樂業歌舞昇平，沒有人有風險意識，都覺得好景會永遠這樣下去。

某一天，正當爸爸又在興奮說他當天股票賺進多少又多少的時候，我也不知道那根筋不對，突然說了一句天下沒有白吃的午餐，如果股票永遠這樣漲，那誰還要工作之類不中聽的話。沒想到引起他勃然大怒，大罵說我懂什麼？講真的，那時候我真的不懂什麼，只是直覺不太對。果然，一九九〇年二月股市上升到 12682 的最高點後直接反轉，一路跌到年底十月 2485 才止跌。我爸所有財富全數泡沫化。

我當時不懂，只是直覺，但現在我懂，吹大的泡泡不能再大的時候就是爆破之時。重點不在預測泡泡什麼時間爆，因為沒有人可以猜到，重點在泡泡在吹的過程中你賺到多少？以及泡泡爆掉後你虧多少？

平民要致富，只有靠股票。炒土地可以賺大錢，但炒地要大資金，一般人拿不出來，只有股票大小皆宜。股票的心法，先前篇章說過了，不知讀者們能領悟多少？不管如何，最後我想把我看好未來五到十年最好的產業告訴大家，由此找到選股方向。

我的人生理財轉折

我在當記者跑新聞時，心中念念不忘股票，午休時間常跑到號子，也就是證券公司的營業大廳看電視牆。早年股市熱，但資訊來源少，股民都會跑到證券公司看盤。

那時各家券商都把分點營業大廳設在一樓方便股民，不像現在都網路下單，證券公司分點搬到樓上去了，不會再租一樓。

證券公司分點營業大廳都會有一個個電腦顯示器組合成的大電視牆。早年上市公司不多，所有掛牌公司的股價一面牆就放的下。股民們就站在電視牆前討論和看盤，有時人多到擠都擠不到最前面，可見早年市況之熱。

我開始工作後就知道炒股要本錢。我的第一桶金就是靠一點一滴存下來的。那時薪水不多，我勉強自己住家裡省房租，中午就喝個餛飩湯，省吃簡用存到了幾十萬，就急忙的在一九九二年殺進股市。股市常有新手運，一開始一路順風，我人生第一檔大買的股票是泰山，一買它就大賺，那時候買份有線圖的財訊快報，就憑感覺進場，根本沒有什麼基本面、技術面的觀念，講白了就是運氣。新手運讓我本金倍翻又倍翻，後來膽子大了用融資，每天做夢變成股市大亨炒股過日不用工作，但運氣也真好各家上市公司炒過一輪，雖有賺有賠，但讓我短短不到兩年賺進了好幾百萬。

股市就是這樣，賺了快錢，就覺得其它賺錢的方式太慢又太辛苦。如果股民沒有清楚的人生目標和信念，很容易迷失在金錢遊戲之中。當時的我，就常幻想財富倍增，我想以我股票賺錢的功力，只要再過個幾年就有上千萬，千萬過個幾年說不定有億，常愈想愈得意。

俗話說裝睡的人叫不醒，股市大富翁的夢，不遇到崩跌也不會醒。一九九三年九月，台股從3740展開了一波多頭大行情，漲到年底6719，短短幾個月漲幅80％，之後回跌到一九九四年三月5125後，多頭再發力，一直漲到了當年十月初的7228點，當時市場熱到不行，但十月五日突然驚傳翁大銘的洪福證券違約交割，短短數日到十月十一日，台股竟然從7228暴跌到5916，大跌了18％。當時在股市呼風喚雨的翁大銘，是所有股民的多頭總司令，沒人想到利用人頭大量在自家的洪福證券和永豐證券買進華國飯店和農林兩檔股票炒作，把華國的股價在八個月內，從104拉抬到338。

但是力量再大也有用盡之時，炒過頭的華國，後來連翁大銘都撐不住這麼高的股價，手中華國股票又賣不出去，最後護盤護到手軟，終於爆發近60億的違約交割，當時連證交所都被拖下水代墊了十多億交割款善後。搞了那麼大的飛機的翁先生，最終也只有在十六年後關了十四個月而已，但股民賠掉的可是身家性命呀！還記得十月五號暴跌當天，我滿手融資買的股票，站在電視牆前根本是看呆了，手足無措，只能祈禱自己的股票不要跌停。

果然，當局者迷，我後來才知道，為什麼萬點行情時，我爸爸會堅信股票會天天漲，我自己不也一樣。

膽顫心驚的過了崩跌周，股市經過兩個月的修整，又回到了7000點，就當我認為風平浪靜，又可以大展鴻圖之際，沒想到更大的股災還在後面。一九九六年，首次民選總統，前一年，兩岸情勢超級緊張，對岸甚至試射導彈，台股從年初一路走跌到到八月跌破4500點，那一波長空，使我幾乎賠光了幾年下來賺到手的錢。

股市不怕急跌，就怕長空

急跌撐過後又是一條活龍，慢慢跌，溫水煮青蛙，會讓股民反覆慘賠，直到全部輸光。這是我後來學到的教訓。

我的股市人生，就是集合各種悲歡的活生生的故事。它給我的是人生的啟發和經驗。一步一腳印，唯有走過股市各階段的人才能體會出其中的道理。它不是看書可以學來的，沒經歷過，是不太明白的。

如果現在要我給老中青的退休理財投資標建議，我會說給你魚吃不如給你釣竿，畢竟講太多，沒經歷過的人不會太明白，經歷過的，會覺得你囉唆。但是如果從大方向來說，我還是想了一份名單，但事事多變，謹供參考。

未來五年到十年，看好的三大產業

股票是最好的投資工具，股票如果看大方向，未來五到十年的產業，無論什麼年紀，我會建議朝向三大產業去看，從中間挑選出全球上市公司頂尖的股票買著放著。

1. 電商
2. 雲端

3. 電動車

就這麼簡單！

台股從一九八七年的 1000 點，漲到一九九〇年的 12682，跌到當年底的 2485，這是一個完整的多頭循環。主要上漲的股票是金融和資產股。

一九九〇到一九九二年，台股在 3000 點和 6000 點之間上下，直到一九九三年一月到一九九四年十月，台股從 3098 走出一波大多頭到 7228。這個階段漲的是工業股，電子業開始嶄露頭角。

7228 跌到隔年的八月的 4474 結束了一九九五年空頭循環，自此展開了台股以科技股為主流的市場多頭行情。

一九九七年第三季台股再上萬點之後，跌到一九九九年二月 5422，這就是史上九七亞洲金融風暴。事件平息後，台股再漲到二〇〇〇年二月的 10393，這一段多空大循環，科技股一直都是多頭的主軸。

二〇〇〇年美國科技泡沫，台股從 10393 崩跌到二〇〇一年九月的 3411，跌的也是科技股。

3411到二〇〇四年三月7135，再到二〇〇七年十月9859，走的是慢牛行情。9859後遇到一整年的大空頭，跌到二〇〇八年11月的3955，就是史上知名的美國次貸風暴。

3955落底後，一直上升到二〇一一年一月的9220，台股再遇一整年的空頭股災，跌到當年底十二月的6609。

二〇一一年十二月落底的台股，從6609慢牛走到二〇一五年四月的10014，馬總統任內終於再見到了萬點。

二〇一五年四月到八月是一段慘不忍睹的爆跌行情，從萬點跌到了7203。

如果排除二〇二〇年新冠疫情對股市的影響，從二〇一五年八月的7203到二〇二一年16500點，可視為一段蔡總統行情。只是不知這段行情未來的歷史要怎麼寫？

加權指數，就是一般俗稱的大盤，是一九六六年，我出生那年為元年的，到二〇二一年剛好五十五年。這五十五年裡，股市展現的都是每一個時期不同的政經和產業環境，有全球性影響的，也有地域性的。它反應的是人性和市場特性。但不變的是產業趨勢和宏觀大環境主導未來的投資主流方向。

我認為，未來台股的股王必會出自上述的三個產業之中的一個！

給年輕人的理財投資建議

除產業方向外，我要給年輕人以下十項的理財投資建議。有

1. 不要心急，萬丈高樓平台地，先存下第一桶金。
2. 努力提升自我，學歷、證照、語文能力，創造好的賺錢能力。
3. 放開眼界，多瞭解世界之大，不要只關注台灣事務，多讀國際新聞。
4. 凡事秉持開放的思維，任何事不要預設立場，努力克服做不到的事，不要逃避。
5. 試著操作各類金融商品，但先用紙上模擬，等熟悉商品特性，才真金白銀進場。
6. 任何金融商品一定要搞懂規則，充分明白操作方式。
7. 建立宏觀的國際經濟和金融市場分析能力，先從多閱讀分析文章開始。
8. 投資要問為什麼？理財要問怎麼做？反省市場變化背後的道理，不要視理所為當然。
9. 參考成功的投資者經驗，向大師學習，謙卑對待一切。
10. 建立成功者的人格特質，熱情、堅毅、不怕磨練和挫敗，相信自己可以。

有人說過，努力賺錢的人有兩種，一種是欠人錢，被逼著還債的人；另一種是小時候苦過，天生有賺錢動力的。我屬於後者。我父親是白色恐怖的受害者，被他的同鄉陷害是共諜，我出生就沒爸爸，因為他去蹲苦牢。等他出來，我已經四、五歲，所以我從不來知道有一種人叫爸爸，因為我是外公、外婆和媽媽帶大的。

也許是被關過，我爸的脾氣像是月亮，初一十五不同，他常暴怒就是給我一頓打，用現在的話說，我是個家暴兒。還記得有一次，他在家裡打麻將，也忘了是什麼原因，他當著牌友把我揍得鼻血橫流，血跡斑斑流得衣服上都是。被打已經夠慘了，尤其還是當著外人的面。他除了打我外，也打我媽媽。有一次為了我和弟弟的學費，他們兩人吵架，他就施暴媽媽，我和弟弟好害怕，兩個人怕到躲到桌子下面。

國中之前，我沒戴過手錶，我好羨慕有手錶的同學。小學同學上課帶酸梅湯，下課我去偷喝他們的水壺。我的童年不快樂，父親是很大一部份因素，還好我有一個愛我的媽媽，她處罰我是用報紙打我屁股。媽媽是我的貴人，我有今天都是因為她的幫助。

上了國中，我跟爸爸的關係變得更緊張，因為我大了，能反抗了，他甚至拿水果刀要砍我，我只好離家出走。國中有好長一段時間我又去住外婆家，外公很早就走了，就我跟外婆兩個人住一起。所以，高中我選擇住校，三年住了兩年半。當完兵出國打工遊學。一九九〇年，第一次波灣戰爭時我到了洛杉磯投靠同父異母的哥哥。美國那時候好蕭條。傍晚五點 shopping center 就沒人了。我心中想著不敢相信，這就是偉大的美國？

在美國兩年，我沒跟媽媽要過錢，自己打工過日子，我到 rose ball 跳蚤市場擺地攤，賣的是我哥貨倉中賣不出的高腳椅。一整天半張椅子也沒賣出去，倒是一旁老墨的地攤生意興旺，他賣的是十元商品，一些小雜貨，買的人好多，但是沒半個人問我的椅子，別說出價了。我才知道擺地攤也是有學問的。最後要收攤，老墨問我生意如何？我說半張都沒賣出去。結果你猜怎麼著？老墨說，我家正好吧檯缺椅子，我跟你買吧！就這樣，我賣出去了六張椅子，真是人間有溫情，一輩子忘不了。

我哥哥在美國做貿易，也開了兩家31冰淇淋店，他準備開第三家，開店的條件之一是要有受過訓的合格店經理，結果我哥就叫我去受訓。我雖然不願意，但沒拒絕他。每天天還沒亮，就得開車去 burbank. 的31總部上課，下了課要去店內實習，挖冰淇淋、做聖代，要真的面對客人。還記得有一次在店內工作要洗機器，我要去開那種需要加裝旋轉頭的水龍頭，我問店經理，旋轉頭放那?白人店經理說了一句 no pain no gain，之後直接用手把它轉開了，我印象好深刻。

不經一事不長一智，31雖累，每天回到家已經午夜，因為九點關店，還要洗機器和打掃，但一個月後拿到證照，我和一票華人同學去慶祝，一切辛苦值得了，英文不好沒關係，臉皮夠厚，還是給我拿到店經理的證照。來自加拿大和美國各地受訓華人同學，當然也有白人和其它人種，大家各自回去都要主持一家店，展開 ice cream man 的生涯。我雖然不想做 ice cream man，但想到幫了哥哥達成了開新店的任務，也很高興。

還有一次在美國賺錢的經驗也很特殊。我舅那時也在美國，有一次他帶我去拍賣會。美國各地有大小不同的拍賣會，有的拍汽車，也有拍傢俱和雜貨的。那一次我們用30美元拍了一大堆釣具，有釣竿、捲線器反正很多，拍賣會上沒有人舉手，就被我們用30美元就買了一大票。隔了幾天，我開車拿 一部份釣具到洛杉磯的韓國城找了釣具店去賣看看。一家店的韓國老闆看了貨後問我賣多少錢？我說 300 美元，他要了我的ID後，二話不說就買了。就這樣賺了十倍，而且還留下一大堆讓我和親友可以用的釣具。

就這樣，一轉眼三十多年過了。現在回想年輕時候的事還有好多好多，有快樂有不快樂的，人生就是這樣，什麼你都要接受。我覺得年輕人不要怕挑戰，要敢去做不想做的事，要到全世界各地走走，開開眼界。年輕苦過，才知道珍惜，現在的孩子，包括我的孩子及很多的孩子都過的太好，沒苦過不會珍惜。年輕人要學會感恩，天下沒有白吃午餐，凡努力過一定有收穫。

年輕人理財和投資要學的事

年輕就是本錢，這句話一點不假。年輕有體力、有的是時間，這些都是中老年人最缺的。但年輕人少了智慧，早熟的人不多，多數年輕人都不知道自己想要什麼？甚至在幹什麼？所以，如果年輕時就知道人生的目標和興趣，就會比同輩快成功。

年輕人首先要增加智慧，不經一事不長一智，人生許許多多的智慧是時間和經驗累積的。所謂的智慧並不是只有知識，不是讀到博士就有智慧。智慧指的是對事情的看法和分析的能力，處事的態度和人生的哲學。智慧形成我們的觀念，觀念又指導做人處世的方法，它決定了人生的成敗。

那麼年輕人要怎麼有智慧呢？多向前輩學習，多觀察人事萬物，多讀好書，多聽多看多想，運用大腦同時打開眼界，虛心向一切學習。其中理財和投資是學習的重點。再有能力賺錢，如果守不住財，無法用財生財，賺來的錢也會不見。理財投資就是生錢、保財和聚財。股神巴菲特從小就培養自己理財和投資的能力，他向大師葛拉漢學習，才有今天的財富和成就。

理財和投資，理財是首要，把財打理好，基本的財務報表要會製作，也要真的能執行，檢討每月的支出和收入，如何盡快存下第一桶金，才能運用自有資金投資。理財就是生財後的管理工作，生財就是賺錢的能力，這都是年輕要自我培養的學能。

投資工具很多，但首要的是建立好的投資思維，以及投資所需的各種分析能力。工具是死的，人是活的，正確的運用投資工具需要智慧。股票是投資工具，但如何選股？如何操作？如何長期保持一定的勝率？這些才是重點。否則人人都可以開戶買賣股票，人人都賺錢嗎？股市是零和遊戲，如果人人都賺錢，那麼錢從何處而來？股市中有贏家就有輸家，有智慧的人才能做贏家。

年輕人學習的路很長，只要有學習的心和動力，就會主動去找我上述提到的重點，假以時日，就能一步步建立人生的智慧，做個各方面的智者！

年輕人的投資標的概念

年輕人最有本錢的是身體和時間，相較中老年人，這兩項是再多錢也換不來的。所以年輕人要珍惜時間，也不要濫用健康本。時間本和健康本都有用完的時候。就好比人的福氣是會享完的。

時間是投資三大要素之一。巴菲特投資的雪球理論指的是，本金、利率和時間，這三個投資致富的要素。巴菲特很巧妙的用雪球譬喻，他說投資就像滾雪球，一開始雪球要夠大，指的是本金要夠大；接著要有夠長的下坡道，指的是夠長的時間；最後坡道的雪要夠溼，指的又是複利率要夠高。如此本金加上時間上加複利，就能使雪球愈滾愈大，使財富愈聚愈多。

年輕人有時間，但可能沒本金，而且缺乏複利工具的知識，因此要加強理財投資的知識和能力，同時努力賺錢和存錢，累積本金。

因為有時間，可以用時間攤掉風險，年輕人可採取定時投資加上波段投機的投資策略。定時投資一樣選全球和台灣的指數型基金和ＥＴＦ。停利、再平衡和逢低加碼的操作原則不變。但不同中年人，年輕人定期定額可更積極的選擇一些波動度更高的商品，例如單一新興市場國家的ＥＴＦ或基金。例如，菲律賓、俄羅斯等，採取周期性的定時定額操作。

股票以波段投機為策略，選擇的標的，要具備下列幾個特性，包括：（一）趨勢向上的；（二）成交量在前百大的；（三）市場題材性強的。無論台股或全球股市的熱門人氣股一定是有強烈成長性的，營收和盈利雙成長的背後就是產業趨勢。例如，二〇二〇年台股最強族群之一就是半導體，晶圓雙雄股價都呈現倍數漲幅。這種股價上漲動力的背後在於產業趨勢。投機趨勢操作就要找主流題材和產業趨勢。

二〇二一年的產業趨勢部份延續自二〇二〇年，部份走新的題材。延續性的有半導體缺貨和漲價，也有新的題材，例如通膨概念下的原物料行情。

我歸納出五大資產給你參考。

紡織原物料

食品大宗農糧

類比ＩＣ晶片與ＭＣＵ晶片

海空運價

五大漲價缺貨題材

有興趣進一步研究的讀者一定可從中找到好的投資標的。至於龍頭型的權值股，尤其是金融和傳產，我觀察它們都有一定的股價周期性，例如統一，每年第四季通常都會是股價見底的時候，每年第二季末到第三季初又會見到股價高點。如果有耐心守這些龍頭股，每年賺15～20％的波段高低點差的報酬率不難。重點在自己做一下功課，把一些本質好的龍頭股列下來，找出過去十年它們的季節性股價變化，和每年股價的高低差幅與時間點，體會一下，相信不難發現一些慣性。

給中年人的理財投資建議

1. 退休規劃盡早做，三十歲開始最好，拖愈晚愈辛苦。
2. 不要依賴勞保和勞退金退休，要靠自己累積的財富退休。
3. 保險不要買太多，保險是保障，不是最好的退休規劃方案。
4. 定時定額基金或ETF做長期退休規劃，中短期學會股票的機會財操作。

5. 房子愈來愈貴，租金投報酬愈來愈差，包租公婆的退休規劃要想清楚。

6. 保健身體，有健康的本錢才有打拼事業和累積財富的條件。

7. 時間愈來愈寶貴，把每一天當成人生最重要的一天過，做有意義的事。

8. 職場發展勇於突破，但改變前想清楚，跟買股票一樣，不買不知賺賠，但要有對策。

9. 家庭與事業很難平衡，但盡量多陪家人，免得將來有錢了，家人關係反而淡了。

10. 不要想長輩的遺產，自己賺的錢最可貴。

四十歲是人生重要的節點，四十歲之前健康多無狀況，許多健康的狀況是在四十歲之後出現。四十歲，差不多走到人生的中站，前有村後有店，後面的店已經經歷過，前面的村等著去探索。四十是人生智慧菁華的開始，之前，太年輕，很多事沒經驗不懂；之後，有了智慧可以開創更好的未來。

我四十歲時做了人生很大的轉變，離開了工作十多年的中央通訊社，往電視媒體發展。說起來，這個轉變很意外，我本來打算一輩子跑新聞的，沒想過離開中央社，直到意外的上了電視談話節目開始。第一次上談話節目，也是意外，是中央社商情部主任林於國給我的機會。錄影當天在華視的攝影棚，主持人是陳立宏和吳淡如，談什麼我忘了，忘不了的是第一次上節目的緊張。

本來想去電視台上節目有個經驗也好，沒想到，上了一次就有第二次，之後各節目的邀約不斷而來，跟著是出版社的出書邀請，知名度愈來愈高下，中央社要我做去留決定，條件是留就不能再上節目，否則就走人吧！當時也挺掙扎的，畢竟跑新聞駕輕就熟，工作穩定待遇也過得去，未來還有到國外當特派員的機會，而電視媒體工作並不穩定，很挑戰，兩個小孩又還小，房貸、車貸每個月都要按時支出。到底是走還是留？

經過一番思考，我最後決定辭職。下定決心的原因是，如果這時候不改變，我這一生就不會再有同樣的機會。不變，未來雖然穩定，而且人生的路徑也看得到，但缺乏挑戰性，平穩但可預測性太高，突破性太低。變，海闊天空，雖然有風險，但值得一拼。就好比買股票，買之前不知道會不會賺錢，但不買絕對賺不到錢，就算買了賠錢，只要把對策想好，最壞的準備打算好，買錯了也知道如何因應。

圖表 19：理財是滿足人生各階段財務目標的需求

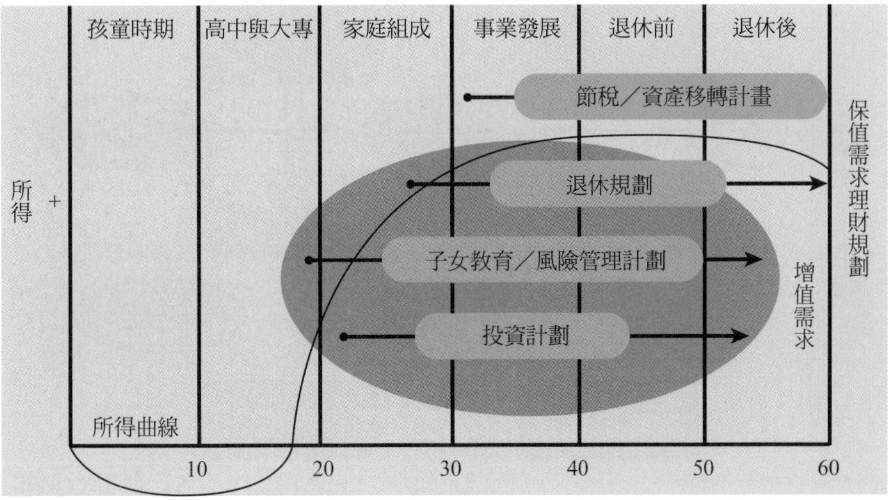

資料來源：CFP 標準課程　　製表：陳美萍

我算了算積蓄，衡量了上電視這段時間來的收入，做了計劃後就向長官請辭了。如今看來，當時的決定是對的。當年在中央社同事，部份後來被裁撤，有的是被迫離職，或是工作不如意走人。當時看起來穩定的工作，其實並不穩定，因為大環境的變化，當時無從估算。至少我呢，現在不需要依靠勞保勞退，也不用擔心被中年，甚或老年被辭退，但在中央社工作的同事，就得擔心這些事吧！

改變需要勇氣，更需要智慧！

我覺得人生好比蜘蛛網，縱橫交錯走過每個十字路口，下一個方向都

圖表 20：做好退休規劃

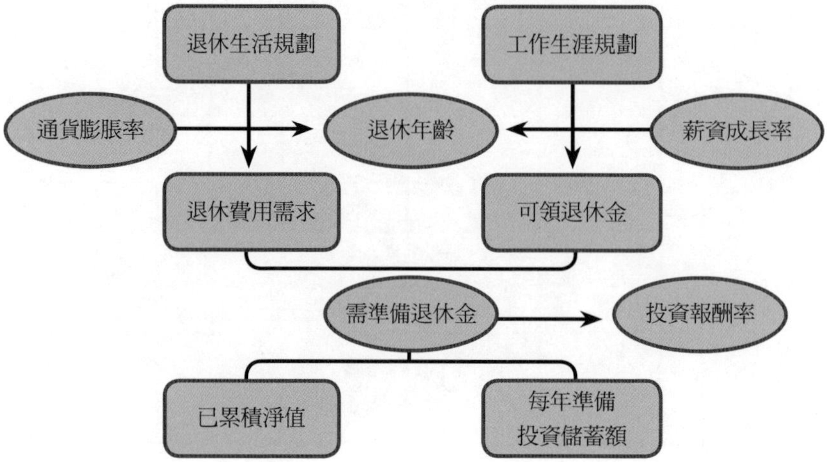

資料來源：CFP 標準課程　　製表：陳美萍

是抉擇，是人生轉折的點，決定的權力在自身，需要用智慧去判斷。

中年理財投資方案

理財是人生線性的過程，理財不單是理現在的財，也在理未來的財。人生有各階段不同的財務需求，跟不同的物資慾望，都需要金錢來完成和滿足。

人到四十才做退休規劃是有點晚了，最好三十歲就開始，開始的愈早就愈輕鬆，拉長時間也可以攤平風險，早一點開始，好處多多。人生的四項財務計劃，其中節稅和退休規劃是保值用，子女教育和投資計劃可以用增值需求的

圖表 21：確立投資目標與資金運用

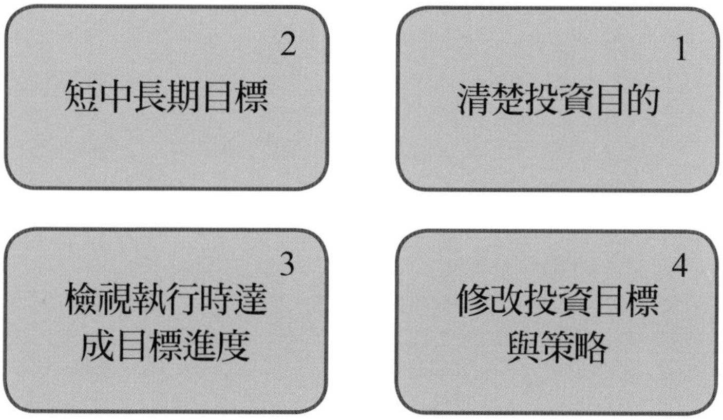

資料來源：阮慕驊自創　　製表：陳美萍

規劃方式。保值需求指的是要運用較低風險的工具，採取長時間規劃以避掉市場波動風險。增值需求指的是運用股票等風險較高工具，達到提高報酬率的目標。保值需求低風險所以報酬率拉不高，但可以保本，再加上風險高的增值需求規劃就可以拉高整體報酬率，進可攻，退可守。

退休規劃是邏輯性思考，牽涉的要項不少，思考的目的在於你想要過什麼樣的退休生活？退休後需要多少退休金？以及如何累積這筆退休金。

規劃的大架構有兩部份：（一），退休前職場工作所累積的政府退休金，也就是勞保和勞退；（二），自己所累積的退休金。由於政府退休金變數多，我建議最好的是盡力自己累積足夠的退休老本，政府退休金就把它當紅利吧！

政府退休金計算的方式，涉及了薪資成長率，勞保年金目前三十年工作的所得替代率是 1.55×30 等於 46.5，再加上勞退 6％提撥三十年，以薪資 30000 起薪每年薪資成長率 1％，勞退基金年化報酬率 4％計算，得出的結果是 21.65％的所得替代率，再把兩者相加得出 68％的替代率。68％是以最佳情況計算出來的結果，多數人是達不到這個標準的。就算政府退休金能領到，也能領一輩子，68％的替代率代表退休後的月收入就只有退休前的 68％，那不足的 32％就要靠自己去補足。

自己補足所得替代缺口或是根本靠自己累積足夠的退休金，首見要規劃所需退休金是多少，是一千萬還是兩千萬或是三千萬，無論多少都有方法做。規劃的方式是確立已累積的淨值有多少，就是老本，再加上退休前每年可以增加投入的金額，我叫做新錢，老本加新錢合併用一定的年投報率來計算。

任何投資規劃，當然包括退休金，我們都應該事前有計劃，思考的方向有四大項，包括：(一)，短中長期目標；(二)，投資目的；(三)，檢視執行時進度達成情況；(四)，適時修改投資目標和策略。退休金規劃是長期的目標，採取穩健的方式進行，特性是保值需求，所以股債平衡與定時定額是用資產池加上時間週期規避風險，可用於退休

圖表 22：確立投資策略

宏觀經濟	由上而下，注重景氣循環與經濟形勢
微觀產業	由下而上，關注有競爭力的產業與企業
個別企業經營	經營條件，關注成長性與趨勢性
技術面	股價高低位置相對價值面關係

觀察　追逐　拋棄

資料來源：阮慕驊自創　　製表：陳美萍

保值需求。實際例子，整筆資金可投入美國好的公司債，例如星巴克、AT&T，每年收取目前約3～4%的收益，再把收益投入好的美股或台股，例如蘋果、台積電等長期持有。

此外，採取定時定額或是單筆股債配置方式長期規劃退休金，也是不錯的方法。

無論如何，檢視進度和修改目標與投資組合是必要的工作。

股票的機會財是必須參與的創造財富方式。重點在選股和進出場的時間點。選股著重於產業分析，要從宏觀情勢和微觀情勢來分析。宏觀情勢分析大環境多空因素，它涉及了整體資金部位的持股比重，以及整體資金的進出場時機。如果大環境不好，股市向下走空，整體資金就要大量降低持股比重，甚至空手等待；反之，股市走牛市，資金比重就可以加重，甚至百分之百持股。如何分辨多空，宏觀面上經濟和金融條件可判別，技術面上如果長線均線走升，如年、季、月呈現多頭排列向上，可視為多頭行情，再加上日K線不斷的創新高，每次回跌又不破前波低點，大體上可視為多方操作的環境。

股市裡，無論大盤或個股，創新高是很重要的多頭指標；破新低，一樣是很重要的空頭指標。

選股的重點在微觀的產業分析。每月的營收，每季的盈餘都是重要的觀察數據，營收與盈餘要能不斷成長的公司才是向上發展的公司。如果三率，也就是毛利率、盈益率和純益率都能保持穩定，甚至向上提高，那就是標準走在產業前頭的成長型企業。股市裡最飆股都是這類成長型的公司。穩定的產業龍頭大型企業，股價沒有狂飆的空間，但有價值浮現的買點，也就是當這些大型企業的股價跌到一定的低點，股息殖利率上升到相對高點時，就是價值的買點。例如富邦金控二〇二〇年第四季股價跌到每股40元，二〇二一年第一季回升至將近60元，報酬率達到四成，40元就是從股息殖利率角度來考量下的價值買點。但這些大型企業的股價都有侷限性，一旦股息殖利率下降，相對股價就對長線投資人失去了吸引力。

中年投資標的概念

中年人一般都有些財力，如果到中年還沒些資產，那問題不小，就要加緊理財和投資，否則時間不等人。假設有一定資產實力的中年人應該如何投資呢？

首先，中年代表人生已走過一半，後一半無論是體力和精神都會日漸受到考驗，但是相對的，中年人生的智慧和職場的地位，以及財富都有一定的程度和累積。所以，中年人要善用已累積的各項人生資產加以發揮和加乘，但要減緩即將流逝的體、精力。

此時，養生和多運動，注意身體的各種變化是必要的，也要關注心靈層面的變化和降低精神壓力。營養的多加補充，注意飲食的衛生和均衡，已經不再是書本上或健康雜誌上事不關己的事了。因為有了好的健康資本，才能打造好的財富城堡。

中年投資不必太保守，但也不能如同年輕時般的積極。保守穩健是原則，風險和利潤要均等。該保守的投資和財務規劃，例如退休規劃就要採取保守穩健的操作策略。以定時定額投資台幣和美元計價的ETF，台幣可選擇指數型ETF，元大投信、富邦投信都有知名的相關ETF可供挑選和比較。重點在於定時投資和設定停利點，適時出場但不停扣，適時再加碼增加扣款金額，這些都是必要的策略，做對了可能比挑選標的來的更重要。

美元的ETF也可選美股指數型，例如，追蹤標準普爾500指數的ETF。或是積極一點可選追蹤費城半導體指數的ETF，但這部份投入的資金比重要少一點。

至於股票可部份存股、部份積極周期操作。存股的要訣在買入時機，最好是選定的對象，股價波段跌勢到底之時買入。如何判斷是否見底？只要一檔好的中大型股票在三個月內未見新低價，大概可確認到底了。此時買入的安全邊際最大，存股也有比較好的股息殖利率。

這邊我用佳格這檔股來說明。

知名食品廠佳格這幾年來衰事不斷，先是爆高層離職，接著又是代理多年的紐西蘭乳品大廠恆天然決定二〇二一年四月起不再續約。不少人認為佳格從過去食品股績優生的存股好標地淪落為一家走下坡的公司，手上有佳格股票的人，現在還值得抱股下去嗎？沒有佳格股票的人此時此刻是逢低買入的時機嗎？

攤開佳格的月線圖一看，這家公司股價最高出現在二〇一一年八月，當時每股價格高達141.5元，但今年股價跌破60，三月跌到了58元附近，單算股價，投資人持有佳格從二〇一一年到二〇二一年，賠了60％，也就是持股九年多來，一張股票剩半張不到，單看股價表現就知道存這檔股票是存心酸的。

但這九年來佳格有配股配息，如果我們把股息股利加回去結果如何呢？佳股從二〇一〇年當時的股本37.1億擴張到二〇二一年91.5億，股本擴張了2.46倍，主要是每年配股所形成的。也就是二〇一一當年持有一張佳格股票的人，到二〇二一年變成了2.46張，再加上這些年到二〇二〇年共計配發了20.45元的現金股利，全部現金股息146億元，還原配股後，二〇一一年當年原始股東這九年下來大約每股領到40元左右的股息，一張佳格股票這九年來也就是領到了4萬元，我們把股票股利和現金股利加總回去再用現在的股價計算，也就是2.46張去乘上58元等於142元，再加上4萬元，以當時最高價141.5計算，九年下來的股票等於沒什麼賺賠，但賺到了4萬元的現金。九年下來現金報酬率大約是28％。

九年28％，年複利率大約只有3.1％，說實在的並不好。平心而論，佳格獲利情況EPS在二〇一〇年和二〇一一年達到高峰的5.79和5.34元，之後就往下滑落，二〇一二年不到4元，二〇一三年更跌到不到3元，之後雖然穩在3元上下，但卻回不到高峰時期的水準。但反觀佳格的稅後淨利，二〇一一年是24.6億，二〇一九年衝到了34.2億，講白了，佳格賺錢不但沒少，還大增了四成，但EPS卻回不去，主要原因就是股本擴大了2.46倍，也就是二〇一一年到二〇一七年大發股票股利的結果。

這種情況導致了長抱佳格的小股東，表面上好像每年不但有息可領，股票股子生股子，二〇一一年到二〇一七年年都生，挺好的，但股價卻是因為獲利趕不上股本擴張的速度，盡管公司獲利增加，但推不動大股本的股價上漲動力，反向下跌，換得了所有股東皆輸的局面。恆天然取消代理，佳格可能面臨營收減一成的衝擊，MSCI二〇二一年二月宣布季度調整成份股又把佳格從全球標準型指數剔除，改列全球小型股指數成份股，整體外資二〇二〇年狂賣了佳格三萬張，二〇二一年到三月二十號更狂賣了快九萬張，從年初持股169086張大減到79970張，外資占股本比已經不到10％。

投資人要知道的是，食品股屬於低成長但營收和獲利穩定的族群，即然低成長，要想保有高EPS就必須維持股本不變，佳格大幅擴增股本的情況很特殊，不知是公司對自己的成長性太有把握，還是有其它什麼想法，令人費解。唯今之計，佳格只有減資打消過剩的股本，盡快瘦身，找回股東的信心了。如果佳格每年的EPS能回到5元的高峰，也許股價再經過長年下跌後，安全邊際已經顯現下，說不定反而是買入存股的好機會。

給老年人的理財投資建議

1. 健康才是真正的老本，錢其次。
2. 退而不休，職場退下來後一定要有事做。
3. 培養興趣，完成人生的願望清單。
4. 每天玩玩股票，記得是玩玩，不是搏命演出。
5. 錢管好，老本顧好，不要想保證收息的高報酬投資，天下沒有白吃的午餐。
6. 不要讓下一代對遺產有期待。
7. 有閒錢就幫助他人，量力而為。
8. 盡量花錢，如果能力可以。
9. 準備一筆錢是給失能時用的。
10. 寫好財產清單，放在特定地方，方便家人處理遺產。

人終究要老，這是定律，要有心理準備，但不要去想它，不要害怕，死後必有去處，如果有信仰，死後必歸信仰的去處。我認為，任何宗教殊途同歸，死後所有人必歸同一去處。

我年輕時曾有過瀕死經驗，非常特殊，一次意外，我休克，本來應該死了，但命不該絕吧，被救了回來。過程我完全沒印象，事後也不記得，只記得我休克時靈魂進入了一個極暗黑的空間，完全無重力，無形體和無方向，但有意識的空間。我猜想那是人死後的第一階段，如果沒回到世上，第二階段應該就是被引導到另一空間去吧？反正，人生就這麼一回事，生了就等死的那一天，只是生時過的精不精采，死去那一刻有沒有遺憾。

人生走到老年這一段就要愈過愈精采，才不白活，畢竟也在數饅頭了。錢對老年生活來說很重要，下一輩的人不會想一輩子跟老一輩的在一起，靠子女不如靠自己，靠自己累積的退休金過日子，做好規劃才重要。年紀大了不要想東想西，保本最重要，股票當娛樂，每天玩玩有事幹，有事可關心才是重點，賺多賺少不重要，主要是讓腦袋有事可做。

男人不要臨老入花叢，不要炫富，做一個樂善好施，和和樂樂的老人最好。

我五十歲之前什麼病都沒有，別人胃痛好痛，偏頭痛好痛苦，全部都沒發生在我身上過。五十歲之前，我不曾胃痛、頭痛過，但之後什麼奇奇怪怪的病的都來了，胃食道逆流、偏頭痛、心悸，我好恐慌。有一年幾乎每隔幾天就要到醫院，我是個從來不曾上過大醫院的人，瞬間變成了醫院的常客！後來我才知道原來我的自律神經出了問題。

人的自律神經分交感和副交流神經，交感神經就好比油門，是讓人工作和活動用的，副交感神經就好比剎車，是讓人休息用的，兩者，一個白天工作，一個晚上發揮作用，兩者平衡才能過正常生活。所以古人說日出而作日落而息，就是這個意義。

但現代人往往濫用自己的身體而不自知，就像我用到過度了還自我感覺良好，身體終究有一天會抗議的！五十歲之後，我的身體終於忍不住，爆發了前所未有抗議，也是我活該。還好我會反省，知道了有關保健這些年輕時不知道、也不想學的事。我開始運動和瑜珈，訓練體能和舒緩壓力，兩年下來，身體漸漸恢復平靜，就像火山爆發後，又進入了休眠期。

我體會到，財富是一回事，健康又是一回事。失去健康時，再多的財富也不會快

圖表 23：時代華納有線電視公司公司債

Issuer（品項）	Time Warner Cable LLC
Country（國家）	United States（美國）
ISIN code（代號）	US88732JBD90（in USD）
Interest rate（利率）	4.5% per year（一年）
Maturity（期限）	14/09/2042

資料來源：www.obible.Gom　　製表：陳美萍

樂。好比人重病躺在醫院裡，手上的股票就算天天漲停，大概也快樂不起來是一樣的道理。

如果年輕到中年有做好理財和投資規劃，人到老年就要好好的用錢，用力的花錢！吃好一點，但要吃的健康，用好一點，玩好一點，把錢花光最好，留錢一點意義也沒有。省吃儉用一輩，最後臨死子女爭產，太可笑了。

年紀大了，什麼事都要想開一點，開心過日子。有事沒事約約朋友喝茶、喝咖啡，看看電影、吃吃館子，打打球下下棋，玩玩股票，做什麼都好，就是不要閒著！

最後，有兩張清單很重要。第一人生願望清單，把它寫下來，各種想去的地方、想經歷的、想吃的、想玩的、想學的、想有的，一一列下來，一件件去完成它！第二張是財產清單，寫清楚，交待一下，免得家人處理上的困擾。兩張清單放在書桌抽屜裡。

老年投資標的概念

投資最重要的考量兩大要素是風險和利潤。風險和年紀有絕對的關係。年紀愈大，投資要愈保守，資產配置以保守、保本為原則。

所以，老年的財務規劃和資產配置要以固定利益為主。固定收益以保本、收益商品為主，例如投資等級的債券，以及高評等公司債。例如，美國有許多很好的公司發行的企業債，年報酬3％上下，雖然比不上台股平均的股息殖利率，但只要能放在到期就必能還本領息，過程中雖然價格會有波動，但息收不會變，只要放在到期發行機構不違約，就能百分之百還本。

例如，時代華納有線電視公司發行的公司債，代號是US88732JBD90，發行條件是年息4.5％，年付息兩次，到期日是二〇四二年九月。標準普爾給予的投資評等是-BBB，屬於投資等級中較中低級別的評級。年息4.5％，雖然比不上股票大的獲利，但至少比定存要好許多。如果時代華納不違約，每年領4.5％利息，直到二〇四二年，似乎是不錯的保本退休規劃。當然過程中美元也是會有波動的風險，是必須考量的。

重點是每年的領息如果不急用，我建議可以再投資一些好股票，例如麥當勞、迪士尼等美國道瓊的30成份股。因為是配息領來的再投資，所以可以比較安心面對股價波動。長期投資這些跨國大公司過去都有不錯的資本利得累積報酬。

後記
人生成長照

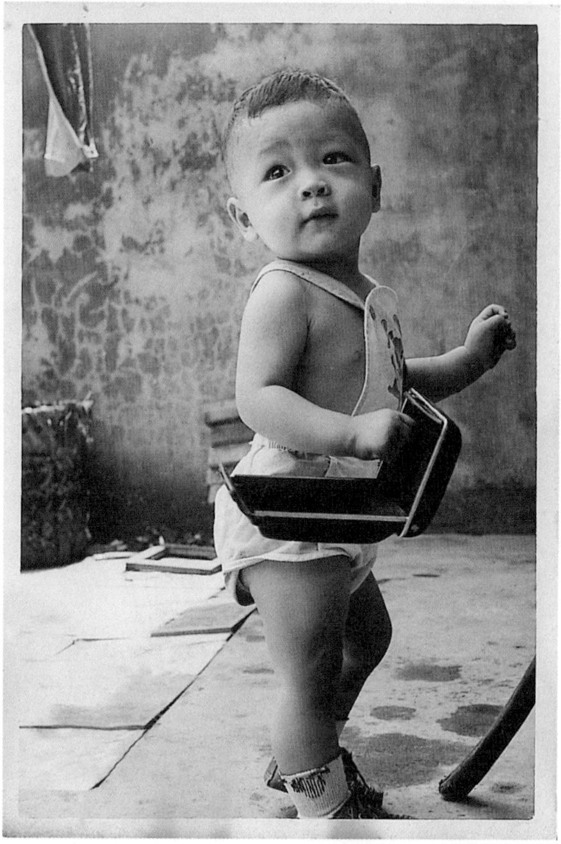

大概是兩歲時候的照片，我可是可愛的小 baby
（照片提供：阮慕驊）

左邊是弟弟志遠，小學時在圓山兒童樂園的合影
（照片提供：阮慕驊）

二〇一六年，跟媽媽於吳哥窟合影，那時候七十二公斤，肚子超大！
（照片提供：阮慕驊）

二〇〇五年，第一次主持電視節目的留影
（照片提供：阮慕驊）

自省要比昨天的自己更精進，如今要健身又健心。
（攝影：王建棟）

健身房狂練兩年，瘦了十二公斤，肌肉也出來了。
（攝影：陳德信）

我肌肉都練出來了。你也加油！
（攝影：陳德信）

國家圖書館出版品預行編目（CIP）資料

錢要投資賺到退休賺到自由健康：阮慕驊的人生體悟
／阮慕驊著 . -- 第一版 . -- 臺北市：天下雜誌股份有限
公司 , 2021.05
292 面 ; 17x23 公分 . --（商業思潮 ; 114）
ISBN 978-986-398-675-1（平裝）

1. 理財　2. 投資　3. 勵志

563　110006178

商業思潮 114

錢要投資賺到退休賺到自由健康：阮慕驊的人生體悟

封面設計／盧卡斯
封面攝影／王建棟
封面摺口攝影／陳德信
內頁攝影／陳德信、王建棟
內頁部份照片提供／阮慕驊
責任編輯／莊舒淇
表格製作／陳美萍、陳欣兒
協助校稿／阮聖和
特約編輯行政／陳國威

發 行 人／殷允芃
顧問總編輯／莊舒淇 Sheree Chuang（老莊）
出 版 者／天下雜誌股份有限公司
地 址／台北市 104 南京東路二段 139 號 11 樓
讀者服務／（02）2662-0332 傳真／（02）2662-6048
天下雜誌 GROUP 網址／http://www.cw.com.tw
劃撥帳號／01895001 天下雜誌股份有限公司
法律顧問／台英國際商務法律事務所・羅明通律師
印刷製版／中原造像股份有限公司
總 經 銷／大和圖書有限公司 電話／（02）8990-2588
出版日期／2021 年 5 月第一版第一次印行
定 價／430 元

本書觀點為作者個人經驗，不代表本公司立場，請審慎評估投資風險。

書號：BCLB0114P
ISBN：978-986-398-675-1（平裝）

天下網路書店 http://shop.cwbook.com.tw
天下讀者俱樂部 http://www.facebook.com/cwbookclub
天下雜誌出版 2 里山富足悅讀臉書粉絲團 http://www.facebook.com/Japanpub
天下雜誌出版部落格－我讀網 http://books.cw.com.tw